Editorial

Foto: privat

Liebe Pferdefreunde und Leser,

der Sommer steht in den Startlöchern und endlich kann man wieder die Natur genießen, ohne dass einem die Finger einfrieren. Auch wenn die Pandemie überall schon für Überdruss sorgt, die Natur geht ihren Weg. Wir wollen uns mit unserem Pferd draußen bewegen, denn was gibt es Schöneres, als im Freien zu galoppieren? Da Corona mit seinen Regeln uns oft in die Quere kommt und uns sowohl mental als auch – im weiteren Sinne – körperlich beschränkt, ist so ein Ausflug mit dem Pferd umso wichtiger. Der Schwerpunkt unserer Ausgabe ist deshalb dem Thema „Draußen in der Natur" gewidmet. Auch hier hat Corona unserer Redaktion einen Strich durch die Rechnung gemacht. Wir wollten uns ursprünglich die Themen Wanderreiten und der Ritt in der Natur zum Schwerpunkt nehmen. Wanderreiten – ja gern, aber welcher Betrieb hat eigentlich geöffnet? Also bleibt die ehrliche Verbundenheit mit der Natur und der Genuss, mit seinem Pferd auszureiten.

Dazu gehört auch die mentale Verbundenheit mit dem Pferd. Alexandra Rieger befasst sich mit dem Pferd als Krafttier und warum wir überhaupt das Pferd als Krafttier sehen können. Mona Schäfer widmet sich der Frage „Wie viel Ausbildung braucht das Pferd?".

Jenny Wild und Peer Claßen sehen die unterschiedlichen Persönlichkeiten der Pferde und stimmen so ihre Herangehensweise als Trainer an die Individualität im Training ab. Training mit dem Element Wasser und wie man sich an die einfache Wassergewöhnung Schritt für Schritt herantasten kann – ein Thema, das Nina Steigerwald aufbereitet hat und zu dem sie wertvolle Tipps gibt. Draußen in der Natur hat man auch mit Insekten zu tun, die mitunter gefährlich werden können – Zecken. Diese Plagegeister werden oftmals unterschätzt – vor allem bei Pferden. Christina Fritz klärt über die möglichen Auswirkungen von Krankheiten auf, die vom Gemeinen Holzbock übertragen werden können.

Beim Thema Ausreiten fiel mir auch die Aussage einer Autorin ein: „Eine meiner Schülerinnen ist draußen vom Pferd gefallen und brauchte lange Zeit, um wieder aufzusteigen." Das ist zwar ein anderes Thema – Angst nach einem Sturz. Aber Angst hat in erster Linie mit Vertrauen und Sich-etwas-Zutrauen zu tun. Das gegenseitige Vertrauen und dass man auf der einen Seite sich etwas zutrauen sollte, aber seinem Pferd auch ein gewisses Maß an Verantwortung übertragen darf – darüber schreibt Silja Schießwohl. Auch dass Pferde einmal Nein sagen dürfen, ohne dass Menschen sie zu etwas drängen. Was hinter dem Nein der Pferde steckt, wie man damit umgeht und wie man ein Nein in ein Ja verwandeln kann, damit beschäftigt sich Sandra Kitzmüller.

Sandra Fencl geht auf die Gymnastizierung in der freien Natur ein, denn gerade wenn die Reithalle geschlossen oder überfüllt ist, bietet das Gelände gute Möglichkeiten, sein Pferd zu gymnastizieren – und das an der frischen Luft. Wie in jedem Umfeld ist das Reiten in der Natur auch mit Regeln verbunden. Rechtlich beschäftigt sich Rechtsanwalt Frank Richter mit den Do's and Don'ts des Seins mit dem Pferd beim Ausreiten. Vielen Dank, Frank Richter, für die Zusammenstellung der Regelungen in den Bundesländern.

Ausreiten – nicht nur ein Genuss für den eigenen Körper und die Seele, sondern doppelt schön für das unmittelbare Sein mit seinem Pferd. Denn dort gehört das Pferd nun einmal hin – in die Natur. Gönnen wir uns doch diese Seelenbalsamreise in der Verbundenheit mit unserem Pferd!

Mit pferdisch-empathischen Grüßen

Eure Martina Kiss

PS: Wir freuen uns immer über Kritik und Zuschriften als Feedback auf Natural Horse (redaktion@naturalhorse.de)!

Inhalt

24 Zecken
Foto: Christiane Sl

Foto: Christiane Sl
58 Mein Pferd sagt Nein

Foto: Maike Klein

: Christiane Slawik

DAS PFERD – MEIN KRAFTTIER

Fühlen mit der Energie des Pferdes

von Alexandra Rieger

Foto: Christiane S

Kommen wir vom Pferd, egal wie unausgeglichen wir vorher hingegangen sind, sind wir geglättet. Diese Art des „Kraftholens“ verdanken wir der Fähigkeit der Pferde, unsere negative Energie, die wir tagsüber aufgetankt haben – durch die Energie um uns herum, wie Streit mit den Kollegen im Geschäft, mit dem Vorgesetzten, in der Familie oder im Straßenverkehr –, in positive Energie umzuwandeln. Aber nicht nur dadurch wird das Pferd zum Krafttier für uns.

Pferde sind seit Jahrtausenden Begleiter des Menschen und haben ihre (teils auch körperliche) Kraft in vielen Situationen, wie Lasten-Ziehen, in Kriegen als Schutzschild und als Vorteil gegen den Feind, bewiesen. Durch ihr ausgeglichenes Wesen dienen die Pferde aber auch als seelische Stütze und als mentaler Coach und werden dadurch zum Krafttier für den Menschen. Schon im Schamanismus spielten diese Tiere als Krafttiere eine bedeutende Rolle für den Menschen. Aber nicht jeder Mensch zählt das Pferd zu seinem Krafttier und damit zum wertvollen Wegbegleiter.

Als meine Reise begann, war ich, wie so viele Menschen, der Meinung, dass das Pferd uns vor allem als Reittier dient, um uns die Möglichkeit zu geben, Emotionen zu empfinden, die eben nur auf dem Rücken eines Pferdes möglich sind. Wie das schöne Sprichwort es ausdrückt: „Auf dem Rücken der Pferde liegt das Glück dieser Erde.“ Erst durch massive Probleme mit meinem Pferd begann ich zu suchen und wurde durch mein Suchen auf eine innere Reise von den Pferden mitgenommen. In Ermangelung echter „innerer Reisebegleiter“ kompensieren dies viele Menschen durch ein Reisen in die verschiedensten Erdteile. Nicht dass dies negativ wäre, doch kann keine äußere Reise die große innere Reise ersetzen oder kompensieren.

Pferde wissen genau, was sie ihrem Menschen zeigen können und wie sie uns in die – für uns – richtige Richtung führen können. *Foto: Raidho Healing Horses*

VERBINDER ZWISCHEN DEN WELTEN

Pferde sind in unserer Zeit solche „Reisebegleiter“, denn sie leben in den zwei Welten gleichzeitig: in der äußeren sichtbaren und in der inneren unsichtbaren. Durch diese Fähigkeit, gleichzeitig in beiden Welten zu Hause zu sein, werden sie zu perfekten Begleitern unserer Entwicklungsreise. Dazu müssen wir ihnen jedoch die Möglichkeit geben, unsere ganz speziellen Seelenqualitäten zu entwickeln.

Diese Seelenqualitäten bestehen darin, dass wir zunächst akzeptieren, wer wir sind, was wir sind und wo wir sind, dass wir geduldig, ernsthaft und diszipliniert an uns arbeiten, um so fähiger zu werden, aus dem Herzen heraus zu leben. Diese Qualitäten bilden die Basis, um mit einem starken Willen in Weisheit und Sanftmut zu leben. Dies sind genau jene Qualitäten, die durch die Aktivierung der sieben Energiezentren (Chakren) in uns erwachen. Pferde suchen diese Qualitäten im Menschen, damit sie sich offenbaren können. In einem anderen Milieu ist es ihnen nicht möglich, uns „an die Hand zu nehmen“, das heißt, wir müssen uns vorbereiten, damit wir von ihnen unterwiesen werden können. Der Meister (das Pferd) kann erst dann in unser Leben treten, wenn wir bereit dazu sind.

Hier wird bereits klar, dass die Qualitäten der Freude, Leichtigkeit und Freiheit nicht automatisch und von selbst in unser Leben treten, sondern vielmehr errungen werden wollen. Wenn wir bereit sind, diese Seelenqualitäten zu erringen, nimmt uns das Pferd mit auf die innere Reise, die für jeden Menschen anders aussieht und andere Schwerpunkte hat. Doch eines hat diese Reise bei allen gemeinsam: Es ist die Erweiterung der eigenen Wahrnehmungsfähigkeit und es brechen Fähigkeiten durch, die bislang brach in unserer Seele schlummerten.

Ohne die Erdung zu erlangen, ist eine Weiterentwicklung nicht möglich. Pferde erden unser ganzes Sein, weil sie die negativen Energien in uns, die wir Tag für Tag durch unser Umfeld aufnehmen, ableiten. *Foto: Martina Kiss*

DER WEG IST DAS ZIEL

Als ich den Ruf der Pferde das erste Mal vernahm, ahnte ich noch nicht, auf welche spannende Reise mich die Pferde einladen würden. Zunächst verstand ich die Einladung der Pferde nicht, denn ich dachte, ich würde „nur" meine alte Leidenschaft des Reitens neu beleben. In Wirklichkeit warteten die Pferde nur darauf, dass ich ihre wahre Absicht erkenne. Es hat einige Zeit gedauert, bis ich dahinterkam, und im Nachhinein kann ich sagen, dass die Pferde viel Geduld mit mir bewiesen haben. In den Augen der Pferde sind wir ziemlich schwer von Begriff und sehr grobe Wesen, die glauben, über die verbale Kommunikation effektiv kommunizieren zu können. Sie haben es schwer mit uns Menschen und sie können ihre Aufgabe nur erfüllen, weil sie uns geduldig Zeit zur Entwicklung geben. Diese Geduld unterstützt uns in unserer Bewusstseinsrevolution.

Immer war das Pferd an der Seite des Menschen, wenn es darum ging, dass der Mensch bei sich selbst einschneidende Entwicklungsschritte eingeleitet hat. Nun befinden wir uns wieder inmitten eines großen Durchbruchs, der in uns und in unserer Gesellschaft stattfindet. Dieser Durchbruch ist eine Erweiterung unserer Wahrnehmungsfähigkeit. Ein Wahrnehmen von Dimensionen und Wahrheiten, die uns bisher verborgen waren.

Der erste Schritt auf meiner Reise bestand darin, dass ich durch die Pferde erleben durfte, was es heißt, geerdet zu sein. Dieser erste Schritt hatte bereits revolutionäre Veränderungen in meinem täglichen Leben bewirkt, als ich merkte, dass dies erst der Beginn meiner aufregenden Reise sein sollte. Als ich ausreichende Erdung besaß, ging es darum, meine Gefühle als „Brennstoff" für meine Bewusstwerdung einzusetzen. Vor allem durch diesen Schritt begann ich mit dem Leben in Fluss zu kommen. Plötzlich klappten die Dinge, die alle so lange blockiert waren. Durch diese beiden Schritte, Gefühle zuzulassen und dadurch eine Erdung zu erlangen, gelang es mir immer besser, in meine Mitte zu kommen, um meine Aufgaben mit der Kraft des Herzens zu erfüllen. Je mehr ich dies konnte, desto mehr wurde es für mich möglich, meine ureigenste Wahrheit meiner Umwelt zu kommunizieren. So erkannte ich, dass ich mit immer mehr Klarheit und Sanftmut mein Leben leben kann. Dies alles diente nur als Vorbereitung. Den Pferden ging es darum, mich vorzubereiten, die Freude, Leichtigkeit und die Freiheit zu erwerben.

Die wirkliche Reise sollte erst noch beginnen. Und ich stelle fest, dass es auf dieser Reise kein Ankommen gibt, vielmehr ist es ein immer tieferes Eindringen in die eigene Persönlichkeit, um dadurch immer höher ins eigene Bewusstsein zu steigen. Die Freude, Leichtigkeit und die Freiheit sind Qualitäten, die der Einzelne in unserer Gesellschaft kaum lebt, da uns unser gesellschaftliches System zu erdrücken droht. Beginnen wir dennoch, diese Qualitäten im Ansatz in uns zu spüren, werden diese durch die vielen Stimmen in uns und um uns herum zurückgedrängt und in uns entstehen Schuldgefühle über unsere Unverfrorenheit, solche Qualitäten leben zu wollen. Doch wofür sollen wir uns schuldig fühlen? Schuldgefühle entstehen dann, wenn jemand Kontrolle über uns ausüben will. Wir kommen auf die Welt ohne Schuldgefühle und unsere ureigene Persönlichkeit ist frei, aber im Lauf der Jahre zum Erwachsenensein werden uns unbewusst von unserer Umwelt diese Schuldgefühle anerzogen. Deshalb können Pferde auch so gute Krafttiere sein, denn sie tragen (in menschlichen Augen) in ihrer Seele die Freiheit, nach der die Menschen sich sehnen.

KANN DAS PFERD MEIN KRAFTTIER SEIN?

Wer sich mit Schamanismus auseinandersetzt, weiß, dass der Suchende eine Reise in die „untere Welt" unternimmt, um sein Krafttier oder seine Krafttiere kennenzulernen. Das Tier, das in uns ein starkes Interesse weckt und eine unwiderstehliche Anziehungskraft ausübt, nimmt eine besondere Bedeutung in unserem Leben ein. Unser Krafttier kann sich durchaus im Außen für uns offenbaren,

Wer über den Tellerrand hinwegsieht, seine Position im Leben bezieht und sich nicht durch äußere Umstände beeinflussen lässt, geht selbstsicher seinen Weg. Dadurch wird er zum wertvollen Partner für sein Pferd. Pferde lehren uns, unseren Weg zu gehen. *Foto: Christiane Slawik*

vor allem dann, wenn es wichtige Informationen für uns bereithält.

Das Pferd hat in unserer Zeit die wichtige Rolle übernommen, uns Menschen auf unserer Bewusstwerdungsreise zu begleiten und zu unterstützen. Diese Rolle nimmt es natürlich nicht bewusst ein, sondern vielmehr aufgrund seiner speziellen Fähigkeiten, die es im Verlauf seiner Evolutionsgeschichte errungen hat. Seit jeher ist das Pferd ein Archetyp und steht für Freiheit, Eleganz, eine majestätische Erscheinung, Leichtigkeit, Kraft, Unbestechlichkeit, Schönheit, Energie und Freude. All das sind Eigenschaften, die jeder von uns im Herzen anstrebt. Diese Anziehungskraft muss sich nicht zwangsläufig so äußern, dass der- oder diejenige reitet oder sonstige Aktivitäten mit dem Pferd ausübt. Es genügt, eine gewisse Anziehung diesen Tieren gegenüber in sich zu verspüren. Diese Anziehung kann sogar so unerklärlich sein, dass sich der Mensch selbst fragt: Warum spüre ich eine Anziehung diesem Tier gegenüber, obwohl ich doch keinerlei Berührungspunkte mit Pferden habe?

In diesen Fällen will das Pferd eine Botschaft überbringen und den Menschen helfen, sich Dingen bewusst zu werden, die bislang auf halb- oder unbewusster Ebene schlummern. Du kannst durchaus dein oder deine Krafttiere kennen und darüber hinaus das Krafttier Pferd im Außen haben. Dies ist kein Widerspruch, vielmehr eine Bereicherung des eigenen Wahrnehmungsspektrums.

Wie und in welcher Form das Pferd den Menschen anzieht, sei es nur durch eine flüchtige Begegnung oder das Bedürfnis zu reiten, eines ist immer gleich: Hat der Mensch einmal den Kontakt aufgenommen und das Pferd wahrgenommen, wird er sich der Anziehungskraft nicht mehr entziehen können und immer wieder an das Pferd denken. Deshalb kann für all jene, die eine besondere Anziehungskraft dem Pferd gegenüber spüren, das Pferd als ihr Krafttier gesehen werden.

Das Pferd – dein Krafttier
Mit der Energie der Pferde in die eigene Kraft finden
ISBN: 978-3-95847-799-5, ebook
€ 12,99

Erhältlich ab Anfang Juni 2021 auf www.crystal-verlag.com

Alexandra Rieger ist die Gründerin von Raidho Healing Horses und Autorin der Bücher: „Mit den heilenden Kräften der Pferde", „Chakrenarbeit mit Pferden" und „Krafttier Pferd". Sie arbeitet seit 1995 in der Erwachsenenbildung (Alpha-Training, NLP, Pferdegestütztes Lernen) und hat eine Ausbildung zur Psychopädagogin. Weitere Ausbildungen mit Pferden waren Bodenarbeitsseminare und Kommunikationstraining in Warendorf und in Rosenheim, Selbsterfahrung mit Pferden, Pferdegestütztes Lernen und eine Ausbildung in schamanischer Energiearbeit.
www.raidhohealinghorses.com

Wie viel Ausbildung braucht das Pferd?

Pferde trainieren mit Herz, Hirn, Wissen und Gefühl

von Mona Schäfer

Fotos: Christiane Slawik

Viele Menschen haben ein ungutes Gefühl dabei, Pferde „auszubilden". Sie bringen es oft mit körperlicher, mentaler und emotionaler Unterdrückung oder zumindest vielfältiger Beschränkung in Verbindung. Natürlich erleben wir das so viel zu oft. Aber ist deshalb jede Form der Ausbildung negativ? Diese Einstellung hat viel damit zu tun, wie Wissensvermittlung in Familien, Schulen und Unternehmen stattfindet. Wir können Ausbildung aber auch in einem neuen Licht sehen: als fantastische Möglichkeit, all die in uns und unseren Pferden angelegten Schätze weiterzuentwickeln.

Wenn wir uns in der Pferdewelt umschauen, sehen wir viel Not, die meistens von Menschen verursacht wurde. Wie ist das mit uns Menschen? Ist es notwendig, dass wir uns bilden beziehungsweise ausbilden lassen?

Sobald wir „nötig" im Sinne von „notwendig" verstehen, ist etwas dann nötig, wenn es eine Not abwenden soll.

(Mona Schäfer)

Unterstützung bei der individuellen Entwicklung

Ist Aus-Bildung also nicht immer eine positive Form der Unterstützung auf dem Weg, die eigenen Fähigkeiten zu entdecken und sie zu entwickeln? Objektiv betrachtet wäre vieles von dem, was wir in der Pferdewelt erleben, weit weg von der ursprünglichen Bedeutung des Begriffs Ausbildung. Mit diesem Verständnis könnten wir uns getrost von vielem verabschieden, was uns als nötig angepriesen wird. Wir erinnern uns: Nötig kommt von not-wendig. Wenn also Methoden und vermeintliche Hilfsmittel in die Not hinein- statt aus ihr hinausführen, läuft etwas an dem eigentlichen Sinn vorbei. Der individuellen Aus-Bildung beider Partner sind sie definitiv nicht dienlich.

Bei uns selbst kennen wir das: Als Kinder oder Jugendliche haben wir Talente und Fähigkeiten in uns entdeckt, die im Lauf unseres Lebens dann doch keinen großen Raum mehr eingenommen haben. Andere Themen kamen von außen und legten sich über unsere eigenen Wünsche, Träume und Ziele. Sie wieder zu ent-decken, ist meist Freude auf allen Ebenen.

Mit der Ent-Wicklung ist es ähnlich: Vieles erscheint uns verworren und wir und unsere Pferde haben uns oft in mehrere Probleme verwickelt oder sogar tief verstrickt. Ein guter Ausbilder schaut mit Erfahrung und Weitsicht auf uns und unser Pferd und hilft uns, Verstrickungen zu lösen: Wir ent-wickeln uns mit seiner Unterstützung.

Freie Kommunikation und Bodenarbeit als erste Schritte

Ein wunderbarer Weg ist die Kommunikation zwischen Mensch und Pferd ohne materielle Hilfsmittel. Dieses Fehlen ist aber kein Mangel, es zeigt uns lediglich viele Verstrickungen. Legen wir bewusst Halfter und Führstrick zur Seite, verabschieden wir uns zumindest für einige Minuten auf körperlicher Ebene von vielen hinderlichen Verbindungen und Fesseln.

Nun wird unser Pferd bald viel freier mit uns kommunizieren und wir werden uns gut überlegen, ob wir es unter Druck setzen, ihm unsere wirren Gedanken und Gefühle entgegenschleudern oder im Kommandoton Gehorsam fordern – seine Antwort könnte klarer sein, als es uns lieb ist.

Mit Führstrick so klar kommunizieren wie ohne

In der Freiarbeit klar und fein zu kommunizieren fiel mir von Anfang an leichter als mit Halfter und Seil: Ich war viel mehr bereit, im Vorfeld zu überlegen, wie meine Aktivitäten beim Pferd ankommen und was sie wie intensiv in Bewegung bringen würden. Auf allen Ebenen.

Ich fragte: „Magst du dieses oder jenes tun?“, und freute mich, wenn mein Pferd mit „Ja, klar, gerne“ antwortete.

Lassen sich Mensch und Pferd auf Berührungen auf allen Ebenen ein, genießen beide diese Momente. *Foto: Mona Schäfer*

Sagte es: „Nein, auf gar keinen Fall, das ist gerade völlig unmöglich“, blieb mir nichts anderes übrig, als das im ersten Schritt zu akzeptieren. Dann führte der Weg zum Ziel immer über ehrliches Interesse an den Beweggründen für dieses klare Nein. So lässt sich wunderbar an Problemen arbeiten, ohne dass wir „Arbeit“, „Problem“ oder „Ziel“ negativ belegen.

Sobald ich das Halfter wieder anzog, um den Platz oder die Halle zu verlassen, änderte sich meine Grundeinstellung: Ich erwartete plötzlich völlig unbewusst, dass das Pferd mir „wohlerzogen“ folgt. Über Halfter und Strick mit meinem Pferd verbunden, steckte ich sofort wieder in meiner alten Vorstellung von Führung: Ich entschied, wohin wir gehen, in welchem Tempo, wie lange und so weiter. Wenn ich die Möglichkeit zur körperlichen Einflussnahme hatte, nutzte ich sie auch. Selten grob, aber viel zu oft ohne die feinen Zeichen von inneren Bildern, Veränderung meiner Körperenergie und Körpersprache, die ich in der Freiarbeit aussandte.

Mich meinen Pferden gegenüber mit Halfter und Seil so zu verhalten, wie ich es ohne tue, war für mich eine der größten Herausforderungen der letzten 30 Jahre. Noch immer spannt sich manchmal das Seil und übt über das Halfter Zug auf den Körper aus, ohne dass ich mein Pferd vorher auf einer feineren Ebene angesprochen habe.

Grenzenlose Freiheit

Viele Menschen träumen davon, mit freien Pferden durch die Landschaft zu streifen. Ich auch. Meine Antwort ist dann immer: „Schau doch erst einmal, ob du bekannte Strecken mit deinem Pferd gehen kannst, ohne den Strick zu nutzen. Und wenn ihr so auf vertrauten Strecken unterwegs sein könnt, versucht es auf neuen, unbekannten Wegen.“

Können wir mehrere Stunden an unterschiedlichen Tagen sowohl in der Halle als auch im Gelände reiten, ohne die Zügel zu benutzen? Wer das regelmäßig mit seinem Pferd erlebt, kann dann auch über ein materielles Band mit seinem Pferd verbunden bleiben, ohne sich daran zu stören. Die wenigsten von uns leben in einer Landschaft, in der sich ein Pferd einige Hundert Meter entfernen kann, ohne Schaden anzurichten oder selbst zu Schaden zu kommen. Hier ist es sinnvoll, auch unserem gesunden Menschenverstand Freiraum zu geben.

Feine Sinne entwickeln anstatt Systeme und Methoden anwenden

Meinungen, Konzepte, Methoden und Systeme ... den eigenen Weg zu finden ist nicht immer einfach. Besonders für (hoch-)sensible Menschen, die häufig im Dauerbetrieb ihre Umwelt wahrnehmen, analysieren, vergleichen, entscheiden, neu scannen, analysieren, vergleichen. Das führt zu vielen interessanten Erlebnissen, aber nicht unbedingt zu Verbesserungen.

Wenn wir uns möglichst oft ganz bewusst auf die Stärken besinnen, die in einer feinen Wahrnehmung liegen, beantworten sich viele unserer Verwirrungen von allein. Denn wir haben alle Antworten auf unsere Unsicherheiten und die Lösungen für alle Probleme schon immer in uns. Sie sind nur häufig durch unterschiedliche Einflüsse aus unserem Fokus gefallen. Oder wir haben – aus damals sicher guten Gründen – unsere Antennen eingezogen und damit automatisch auch unsere Flügel massiv gestutzt. Sie Stück für Stück wieder neu auszubilden ist immer wieder eine wundervolle Erfahrung.

Wie viel Ausbildung brauchen wir Menschen?

Im freien Zusammensein mit unseren Pferden erst einmal wenig bis gar keine, wenn die Pferde keine gravierenden Probleme mit Menschen haben und ausreichend Raum für alle Beteiligten zur Verfügung steht. Pferde zu „lesen“ kann man auch aus empfehlenswerten Büchern und Videos lernen. Viel sinniger ist es aber, sich zu ihnen zu gesellen, Zeit mit ihnen zu verbringen, ihnen unsere Gesellschaft anzubieten und ihren Antworten zuzuhören.

Sich im Nachhinein zusammen mit Gleichgesinnten eigene Fotos oder Videos anzuschauen und sich über die persönlichen Eindrücke, ausgelösten Empfindungen und aufgetauchten Fragen auszutauschen, ist ein weiterer wertvoller Schritt. Im Idealfall werden diese Gespräche von einem Menschen begleitet, der sich in pferdespezifischer Kommunikation auskennt und in der Lage ist, sich auf die Empfindungen aller beteiligten Zwei- und Vierbeiner einzustimmen.

„Steh" als Beginn der gemeinsamen Ausbildung

Um in einer Welt des Wandels stabil aufgestellt zu sein, spielen unsere Potenziale eine wichtige Rolle. Und Potenziale entfalten sich nun mal auf einer stabilen Basis am besten. Deshalb ist für mich die „Lieblingsübung Steh" sowohl in der Partnerschaft zwischen mir und meinen Pferden als auch in meinem eigenen Denken, Fühlen und Handeln unglaublich wichtig und wertvoll. Dabei spreche ich nicht von Stillstand, erstarrtem Aushalten oder Schönreden. Es geht um das Stehen zu mir selbst, zu meinen Gedanken, Gefühlen, Werten, Prioritäten, Wünschen, Träumen und Zielen.

Und um das Stehen zu meinem Pferd, das ebenso wie ich seinen eigenen Weg gegangen ist. Es hat Gründe, dass wir so sind, wie wir sind. Und es hat Gründe, dass wir zusammengefunden haben. Dafür müssen wir uns nicht rechtfertigen und es auch niemandem erklären.

Aus dieser Einstellung heraus lassen sich gute Gespräche zwischen Mensch und Pferd und Mensch und Mensch führen, auch wenn andere vielleicht an einem ganz anderen Punkt stehen als wir. Standpunkte sind im Detail häufig situationsbezogen und veränderbar. Der Blick sollte auf einem breiten und stabilen Fundament liegen, dem wir vertrauen und auf das wir aufbauen können, weil wir wissen, dass es sicher ist und uns trägt.

Die „Lieblingsübung Steh" ist die Basis jeder Ausbildung, verbindender Ruhepol und Rettungsanker in Notsituationen. *Foto: Karlheinz Wierich*

In der Praxis ist die „Lieblingsübung Steh" in meinen Augen der wichtigste Teil der Basisausbildung. Ein gelassen stehendes Pferd sollte auf keinen Fall als selbstverständlich angesehen werden: „Steh" bedeutet (meiner Ansicht nach), dass mein Pferd mit allen vier Füßen gleichzeitig den Boden berührt, nicht frisst und sich nicht ohne Einladung an mir schubbert. Das gilt natürlich nicht für ein gemeinsames Sonnenbad auf der Koppel, wohl aber beim Überqueren einer Straße. Und dazu braucht es eine vorher entwickelte,

konstante Grundkommunikation, damit unser Pferd ruhig und entspannt warten kann, wenn die Situation es erfordert. Dabei geht es nicht um ein Dominanzspielchen oder die Herrschaft über sämtliche Gedanken und Wünsche meines Pferdes. Wenn wir vorher „Steh" als die wichtigste aller Basislektionen etabliert und immer ausgiebig belohnt haben, wird unser Pferd gern einige Zeit mit uns warten. Wir sind dann sein Entspannungspunkt mit Wohlfühlambiente.

Berührungen auf allen Ebenen

Berührungen auf Aura- und Körperebene sind quasi eine Fortsetzung der „Lieblingsübung Steh".

Für viele Pferde ist eine freundschaftliche Berührung oder das Kratzen an einer Lieblingsstelle etwas Feines. Es stärkt unsere Bindung ebenso, wie das gegenseitige Fellkraulen zweier befreundeter Pferde den Zusammenhalt innerhalb der Herde vertieft. Zusätzlich können wir ein Kratzen als Lob und Motivation anbieten.

Andere Pferde mögen es gar nicht. Ihr Nein zum aktuellen Zeitpunkt wahrzunehmen und zu akzeptieren, ist der erste wichtige Schritt auf dem Weg zur Weiterentwicklung. Dann können wir gemeinsam einen Weg aufeinander zu finden. Denn an notwendigen Berührungen wie zum Beispiel das Aufheben und Bearbeiten der Hufe und das An- und Ausziehen eines Halfters führt kein Weg vorbei. Hier verstehe ich „notwendig" wieder im buchstäblichen Sinne: not-wendig = Not abwenden.

Kuscheleinheiten, die nur wir uns wünschen, sind dagegen nicht notwendig, und jedes Pferd sollte das Recht haben, ein Nein zu äußern. Den Körper unseres Pferdes lernen wir bei gemeinsamen Genusszeiten schon mit unseren Augen kennen. Ihn mit den Händen zu erfühlen ist ein weiterer Schritt und verrät uns auch wieder viel über die Beziehung unseres Pferdes zu uns. Ein Pferd lässt sich manchmal anfassen und dann wieder nicht? Die Lösung ist häufig einfach und kann in einem Wechsel der Absicht, des Ortes oder der Wahl der zwei- oder vierbeinigen Gesellschaft liegen.

Das Bild unserer Pferde als Spiegel ist im Grunde sehr schön. Oft wird aber vergessen, dass sie viel mehr sind: Auch unsere Pferde haben ihre eigenen Erfahrungen gemacht, ihre eigenen Geschichten erlebt. Genau wie wir kompensieren sie viele Themen aus ihrem häufig nicht besonders artgerechten Leben. Viele haben sich in ihren Körper zurückgezogen und reagieren auf körperliche Berührungen entweder kaum oder übersensibel. Bei anderen hat ständige innere Anspannung zu körperlichen Verspannungen geführt.

Bei Pferden ist der Körper genauso Ausdruck der Seele wie bei uns Menschen. Sowohl körperlich als auch auf Gefühlsebene in Verbindung zu gehen, wird uns spannende Verbindungen aufzeigen. Außerdem erzählen sie uns vielleicht von viel zu wenig Bewegung, viel zu viel Rumstehen auf zu engem Raum, über Hungerzeiten, Ruhe- und Schlafmangel, unpassende Sättel, grobe Menschenhände und so weiter.

In der täglichen Grundkommunikation ist es ausgesprochen wichtig, dass unser Pferd gelassen stehen bleibt, während wir es am ganzen Körper mit der Hand beziehungsweise einer Gerte berühren. Vorher würde ich es nicht darum bitten, sich auf ein Zeichen von meiner Hand, Gerte oder Bein zu bewegen.

Warum, das wird spätestens in den Übungen klar, in denen wir über Kontakt mit unserer flachen Hand ein Pausenzeichen, Ruhe und Gelassenheit vermitteln und über punktuellen Kontakt mit den Fingerspitzen um Bewegung bitten. Das geht nur, wenn unser Pferd Berührungen gelassen annimmt und sie als freundlich, angenehm und verbindend empfindet. Nur dann kann es bewusst auf unsere Anfrage reagieren, statt rein reaktiv auszuweichen.

Einige hochsensible Pferde mit einer sehr starken Wahrnehmung für Schwingungen und/oder einer hohen Hautsensibilität mögen generell keine Berührungen oder können sie nur in ganz seltenen, besonders entspannten und innigen Situationen genießen. Andere Pferde haben unangenehme Erfahrungen gemacht und mögen gar keinen Körperkontakt. Hier gilt es, ihre Bedenken und Wünsche zu akzeptieren, kleine Türen in Richtung Verbesserung zu öffnen und in Minischritten weiterzugehen.

Bei diesen Pferden kann es sehr aufschlussreich sein, sie in der Herde zu beobachten. Wie groß ist ihr Individualabstand zu anderen Pferden? Zu Pferden, die sie mögen? Zu Pferden, mit denen sie kaum Kontakt haben? Haben sie Freunde zur gegenseitigen Fellpflege oder nutzen sie ausschließlich Gegenstände zum Schubbern? Suchen sie in Ruhephasen die Gesellschaft von Herdenmitgliedern oder stellen sie sich zum Dösen generell und aktiv abseits?

„Einfach nur zusammen zu sein" ist für Herdentiere immer schön. Die Frage ist, wann, wo, wie und wie nah. Bei Pferden, die sich nicht gern berühren lassen, ist freies, entspanntes und respektvolles gemeinsames Genießen ein Erfolg versprechender Anfang. In Situationen, in denen Zwei- und Vierbeiner entspannt beieinander sind, herrscht eine Energie vor, die zum Körperkontakt förmlich einlädt.

Unsere Körper berühren sich sowieso schon, zumindest unsere Energiekörper. Bei dem Wort „Körper" denken die meisten von uns automatisch an den Körper, der uns durch dieses Leben trägt. Wir fühlen ihn, können einen Großteil von ihm sehen und andere physische Körper und materielle Dinge mit ihm berühren und bewegen.

Je länger ich mit Pferden arbeite und je mehr ich im SenErgy©Training die sensitiven und energetischen Anteile in die Bodenarbeit und beim Reiten einfließen lasse, desto sicherer bin ich, dass viele Pferde – wenn nicht sogar alle – unsere Aura sehen. Auf jeden Fall spüren sie unsere Energien, Emotionen und Gedanken. Deshalb fließen Wissen und praktische Übungen zum Fühlen der Aura ebenfalls in die Ausbildung zum SenErgy©Trainer ein.

Mona Schäfer ist ausgebildete Tierpsychologin, Tierheilpraktikerin, Reikilehrerin und Ausbilderin in der Bach-Blüten-Therapie für Tiere. In ihrer SenErgy©Akademie für (hoch) sensible Menschen und Pferde hilft sie Mensch und Pferd im persönlichen und direkten Kontakt, ihre Probleme zu lösen und ein in sich ruhendes Dream-Team zu werden. Ihr Ziel ist es, dass die von ihr zertifizierten SenErgy©Trainer ihre Vision weiter tragen: Mensch und Pferd werden zu einer Einheit im Denken, Fühlen und Handeln, sobald sie sich gemeinsam begeistern für das was sie tun.
www.Pferde-Menschen-Dialoge.eu

Die Individualität des Pferdes verstehen

Pferdepersönlichkeiten fördern

von Jenny Wild und Peer Claßen

Wer hat folgenden Satz nicht schon Hunderte Male auf der Zunge gehabt oder laut ausgesprochen: „Warum hat er das jetzt wieder gemacht?" Diese Frage gibt es in unendlich vielen Variationen und Abstufungen. Sie hört sich banal an, doch wer sich die *Warum*-Frage stellt, ist, meist ohne es zu wissen, einem der wichtigsten Geheimnisse auf der Spur, die es auf dem gemeinsamen Weg von Pferd und Mensch zu lüften gilt.

Pferde verstehen – geht das überhaupt? So einfach ist es nicht, denn wie so oft gibt es einen Haken: Man muss nämlich nicht nur die richtige Frage stellen, sondern man muss die Frage auch richtig stellen. Fatalerweise tun das die meisten Reiter nicht. Fatal, weil sie der Lösung so nahe sind und sie dann doch nicht zu fassen bekommen. Knapp daneben ist auch vorbei. Das soll heißen, dass sie den richtigen Impuls haben, aber mit der falschen Einstellung an die Sache herangehen. Sie suchen mit der *Warum*-Frage mehr nach dem Problem als nach der Lösung. Sie fordern, statt zu helfen, sie wollen etwas loswerden, anstatt es zu nutzen, sie wollen Ergebnisse erzielen, anstatt nach Wegen zu suchen, und sie wollen reparieren und nicht verstehen. Mit diesen Färbungen hat die Frage nach dem Warum einen Beigeschmack von Schuldzuweisung und Beschwerde. Sie unterstellt den Pferden, etwas falsch zu machen oder wenigstens falsch zu verstehen.

Kleine Veränderung, große Wirkung

Wie sollte man die Frage denn nun richtig stellen? Die kleine, aber entscheidende Veränderung liegt in der Einstellung, im Blickwinkel. Man muss das Pferd in den Mittelpunkt des „Warum" stellen. Wenn es uns um die Gründe und Ursachen bei den Pferden geht, wenn wir ehrlich verstehen wollen, anstatt zu korrigieren, sind wir auf der richtigen Spur. Aus dieser Perspektive sieht man Dinge, die nicht gut laufen, nicht mehr als ein Problem für sich selbst, sondern als eines, das das Pferd hat. Plötzlich gibt es gar keine andere Möglichkeit, als zuerst dem Pferd bei seinem Thema zu helfen. Damit löst sich automatisch auch unser Problem in Luft auf.

Exemplarisch dient hier folgendes Beispiel: das Verladen: Geht ein Pferd nicht in den Anhänger, interessieren sich die meisten Menschen in Wahrheit gar nicht dafür, *warum* das Pferd nicht in den Anhänger geht. Sie wollen im Grunde genommen nur wissen, wie sie es da hineinbekommen (also wie sie ihr eigenes Problem lösen). Beim Pferd kommt das auch genau so an. Es versteht nach wie vor nur die Botschaft: „Ich will, dass du da reingehst!" Ist die *Warum*-Frage jedoch ernst gemeint, fragt man das Pferd erst nach den tatsächlichen Gründen (zu eng, zu wackelig, die anstrengende Fahrt, die Ankunft in fremder Umgebung und so weiter). Kümmert man sich darum, dem Pferd diese Sorgen zu nehmen, so wird eine ganz andere Botschaft bei ihm ankommen. Eine, die es ihm leicht macht, sich auf uns und folglich auch auf unsere Fragen und Wünsche einzulassen.

Zugegeben: Das ist schwerer als gedacht, und man muss allzeit auf der Hut sein, um nicht wieder in alte (allzu menschliche) Muster zurückzufallen. Aber: Wenn Sie nicht zuerst ehrlich wissen wollen, werden Sie nicht verstehen können. Wenn Sie es nicht ernst meinen und Pferde nur zu Ihrem eigenen Nutzen durchschauen wollen, werden Sie niemals zum Pferdeversteher – höchstens zum Manipulierer.

Foto: Christiane Slawik

Wer in Gruppen lebt, wird Auseinandersetzungen nicht dauerhaft aus dem Weg gehen können. Pferde sind daher auch gut für Konflikte und deren Lösung ausgestattet. *Foto: Christiane Slawik*

Pferde verstehen oder Grenzen setzen?

Damit sind wir auch endlich im Kern des Pferdeverstehen-Themas angekommen. Wir halten fest: Pferde müssen das Gefühl haben, ernst genommen und verstanden zu werden. Wir müssen ihre Sorgen und Wünsche in den Mittelpunkt rücken, und das müssen sie spüren.

Bedeutet das, dass Sie Ihr Pferd nur noch verstehen müssen und nicht mehr trainieren dürfen? Keine Frage mehr stellen? Keine Aufgaben mehr geben? Jeden Stress vermeiden? Nein, das ist natürlich nicht die Konsequenz. All das ist irgendwo zwischen möglich, wichtig und nötig angesiedelt. Jedoch immer auf eine Art und Weise, die das Helfen-Wollen an erste und unsere Ideen und Wünsche an zweite Stelle stellt. Es gibt keine Garantie, dass Pferde, die so behandelt werden, alles für ihre Besitzer machen werden oder dass Hindernisse einfach verschwinden. Aus eigener Erfahrung können wir aber sagen, dass sich so alles, was Sie gemeinsam vorhaben, viel wahrscheinlicher, leichter und oft auch schneller erreichen lässt.

Wir wissen, dass wir häufig als Pferdestreichler wahrgenommen werden, die zu soft sind und nicht viel von Regeln und Grenzen halten. Nichts könnte falscher sein! Nur haben wir in den letzten Jahren tausendfach erlebt, dass die meisten Menschen mit der schon erwähnten strafenden, Schuld suchenden, unsicheren, wehrhaften und nicht selten auch überheblichen Energie Grenzen einfordern und Regeln durchsetzen. Weil wir auf dieser Seite ein enormes Übergewicht sehen, legen wir größeren Wert auf die andere Seite (die Pferdeversteher-Seite), um ein Gegengewicht zu schaffen. Es geht nämlich gar nicht um die Frage: Entweder Grenzen oder Verstehen? Es geht um den Ausgleich und das Zusammenspiel der beiden Seiten. Nicht gegen Regeln und Grenzen treten wir ein, sondern für eine andere Einstellung und Intention, mit der das geschieht.

Wer Pferde gut versteht, kann Grenzen so setzen, dass Pferde auch davon profitieren. *Foto: Gabi Metz/Kosmos Verlag*

Konfliktfähige Fluchttiere

Pferde müssen und mussten als eine Art Vorzeigemodell der Fluchttiere mit enorm viel Stress in ihrem Leben umgehen, und sie sind (auch wenn es manchmal anders scheint) dafür bestens ausgestattet. Schließlich hätten sie sonst nicht bis heute überlebt. Auch innerhalb einer Herde gibt es viele Konflikte, vom kleinen Wegscheuchen bis hin zu massiven physischen Auseinandersetzungen. Man muss Pferde nicht in Watte packen, und das wollen sie auch nicht. Auch in unserem Leben gibt es immer wieder Auseinandersetzungen und harte Zeiten. Damit kommen wir in der Regel gut klar. Unerträglich wird es jedoch erst, wenn wir niemanden haben, der uns versteht, der uns richtig zuhört oder aufrichtig zu helfen versucht, oder wenn man sogar zusätzlich gemobbt wird oder unter unfairen Konsequenzen zu leiden hat.

Bei den Pferden greifen die gleichen Mechanismen. Ob Aufgaben oder Training als Herausforderung, (positiver) Stress, Druck oder gar als Gewalt von den Pferden wahrgenommen werden, liegt daher größtenteils an der Einstellung des Menschen.

Grenzen und Regeln sind unerlässlich und mitunter wichtige Orientierung für die Pferde. Sie können damit und mit anderen Stresssituationen natürlicherweise relativ gut umgehen. Voraussetzung hierfür ist jedoch eine solide Vertrauensbasis dem Menschen gegenüber, die daraus entsteht, dass es immer unser aufrichtiges Anliegen ist, die Pferde zu verstehen.

Der Schlüssel zum Verstehen: Beobachten

Bisher haben wir noch kein Wort darüber geschrieben, wie Pferdeverstehen funktioniert. Jetzt kümmern wir uns also (gleich) um die Praxis. Allerdings ist die auch sehr komplex. Der erste und wichtigste Grundpfeiler, der uns hilft, dem Wesen der Pferde auf die Spur zu kommen, ist das Beobachten. Hierbei gilt das Gleiche, was wir schon über die Warum-Frage gesagt haben. Man kann entweder durch die Brille der Vorlieben und Abneigungen beobachten, also nur erwarten, was man gerade will, oder nach Fehlern suchen. Oder man kann andererseits herausfinden wollen, was gerade los ist.

Es lässt sich nicht vermeiden, ja ist es sogar notwendig, das, was man sieht, zu interpretieren, nach seiner Bedeutung zu fragen. Wer es aber schafft, seine Brillen beim ersten Beobachten abzusetzen, der hat größere Chancen, zu sehen, wie es ist, und nicht, wie er es gern hätte. Wertefreies Beobachten ist somit einer der elementaren Schlüssel zum Erfolg.

Wertefreies Beobachten, ohne etwas von den Pferden zu fordern, ist die beste Grundlage, um zum Pferdeversteher zu werden.
Foto: Gabi Metz/Kosmos Verlag

Die Idee der Persönlichkeit sollte nicht zu starren Verallgemeinerungen verführen. Der momentane Gemütszustand kann sich von einem Moment auf den nächsten ändern. Hier ist Flexibilität gefragt.
Fotos: Christiane Slawik

Gibt es die Pferde-„Persönlichkeit“?

Es gibt so viele Arten, ein Pferd zu verstehen, wie es Pferde gibt. Als Einstieg und Orientierungshilfe reicht allerdings fürs Erste ein knapper Überblick über vier Grundtendenzen bei Pferden. Mit deren Hilfe lässt es sich schon recht gut durch das Labyrinth der vielschichtigen Pferdepsyche navigieren, und das wird Ihnen dabei helfen, das Verhalten, das Wesen oder auch die Persönlichkeit eines Pferdes grob einzuschätzen.

Aber gibt es sie wirklich, die Pferdepersönlichkeit, und ist es wichtig, sie zu kennen? Manche Kritiker behaupten, Pferde hätten keine Persönlichkeit. Man mag über die Definition des Begriffs streiten, aber es steht außer Frage, dass jedes Pferd ein Individuum mit ausgeprägten persönlichen Eigenschaften ist. Niemand, der sich mit ganzem Herzen auf Pferde einlässt, kann zu einem anderen Schluss kommen. Doch bei der Individualität sind wir schon auf einen Haken gestoßen. Allzu schnell werden Pferde in Schubladen gesteckt oder ihnen wird ein Stempel aufgedrückt, den sie nicht mehr loswerden. Einmal abgestempelt, wird in Zukunft nicht mehr näher hingeschaut. Doch genau wie wir verhalten sich Pferde eben nicht immer gleich, und Schubladendenken kann leicht nach hinten losgehen, wenn man nicht offenbleibt, falls situationsbezogen andere Strategien gefragt sind.

Eine Orientierungshilfe

Statt von Persönlichkeit des Pferdes zu sprechen, nutzen wir lieber Begriffe wie zum Beispiel den Gemütszustand. Der ist nicht in ein so starres Korsett geschnürt, sondern passt sich immer wieder den inneren und äußeren Gegebenheiten an. Das wird schon anhand der Fragen deutlich, mit denen man versucht, ihm auf die Spur zu kommen: Wie ist das Pferd jetzt gerade drauf? Wann ändert sich das wieder?

Antworten darauf können zwei wichtige Unterscheidungen liefern. Die erste Unterscheidung lässt sich mit der Frage umreißen: „Ist mein Pferd gerade sicher oder ist es unsicher?“ Bei der zweiten Unterscheidung geht es darum, ob ich ein introvertiertes oder ein extrovertiertes Pferd habe. Mit diesen Fragen als Leitfaden kommt man schon sehr weit.

Sicher oder unsicher?

Die Sicherheit nimmt im Leben eines Fluchttiers natürlicherweise einen hohen Stellenwert ein. Wenn man ständig damit rechnen muss, als Frühstück oder Abendessen zu enden, muss man sich zwangsläufig mit diesem Thema auseinandersetzen. Das ist auch der Grund, warum die meisten Pferde mit so vielen Dingen Probleme haben, die wir so nicht immer nachvollziehen können. *„Das ist doch nur eine Plastiktüte!“* Ja, für uns schon. Und wenn wir uns irren? Na, dann ist es für uns eben keine Plastiktüte. Doch wenn ein Pferd sich in der Natur irrt, ist es nicht selten das Letzte, was es in seinem Leben tut. Deswegen stellen Sie bitte immer das Sicherheitsthema in den Vordergrund. Es ist nicht nur für die Pferde selbst, sondern auch für unser Zusammenleben und die Arbeit mit ihnen von großer Bedeutung. Unsichere Pferde können nämlich nur bedingt oder gar nicht (mit-)denken. Das macht es dann schwer bis unmöglich, unsere Aufgaben herausfinden, auf Hilfen zu reagieren oder ganz allgemein sich zu konzentrieren, zu lernen oder mit uns zu kommunizieren.

Eine Säule der Pferdepersönlichkeit besteht aus der Frage: „Habe ich gerade ein sicheres oder ein unsicheres Pferd?“
Foto: Gabi Metz/Kosmos Verlag

Die zweite Säule wird durch introvertierte oder extrovertierte Tendenzen bestimmt. Bei wem herrscht wohl welche Tendenz vor? *Foto: Christiane Slawik*

Wer schon nicht aus Verantwortung heraus gegenüber den Pferden für deren Sicherheit sorgen möchte, der sollte sich zumindest diesen Zusammenhang klarmachen. Die meisten Reiter und Pferdemenschen sind immer bestrebt, sichere Pferde zu haben und Unsicherheiten zu vermeiden. Doch vergessen Sie darüber nicht das wertefreie Beobachten. Sie erinnern sich: Je mehr wir etwas wollen (zum Beispiel ein sicheres Pferd), umso weniger schauen wir genau hin, was wir haben.

Introvertiert oder extrovertiert?

Bei der anderen Differenzierung – den introvertierten und den extrovertierten Pferden – gibt es keine so eindeutig „gute" oder „schlechte" Seite. Die beiden Begriffe bedeuten, neutral betrachtet, „nach innen gekehrt" und „nach außen gekehrt". So hat jede Seite ihre Vor- und Nachteile. Introvertierte Charaktere können etwa ruhig, verlässlich, gelassen und konstant sein. Aber auch als verschlossen, festgehalten, desinteressiert, stumpf und träge kann sich diese Tendenz zeigen. Am extrovertierten Ende der Skala findet man neben Lebhaftigkeit, Energie, Arbeitswille, Aufmerksamkeit und Kommunikationsbereitschaft auch Eigenschaften wie Überdrehtheit, Nervosität, Aufregung, Unruhe oder Anspannung.

Die Ausprägung dieser unterschiedlichen Tendenzen wird von einer ganzen Reihe Faktoren beeinflusst. Darunter fallen etwa das Arbeitspensum, die Haltungsbedingungen, die Art des Trainings und die Beziehung zum Menschen ebenso wie die genetische Veranlagung oder auch mal ganz banal das Wetter, Krankheiten oder die Tagesform.

Die vier Grundtendenzen

Mit den wichtigsten Einfluss haben allerdings die beiden Unterscheidungen aufeinander. Aufgrund dieser engen Verknüpfung sehen wir sie meist weniger einzeln, sondern eher in Kombination miteinander als Basisbausteine der Persönlichkeit an. Für unsere grobe Vorsortierung stehen uns die folgenden vier Kategorien zur Verfügung: unsicher introvertiert, unsicher extrovertiert, sicher introvertiert und sicher extrovertiert.

Am Ende entscheidet wieder die Einstellung: Helfen bringt uns weiter als bloßes Fordern – jedenfalls, wenn wir auch weiterhin den Weg gemeinsam mit den Pferden gehen wollen. *Foto: Gabi Metz/Kosmos Verlag*

Mit diesem Modell im Hinterkopf werden Sie zukünftig immer tiefer in die Geheimnisse um das Wesen der Pferde eindringen können. Vergessen Sie aber nicht, dass es sich nicht um fixe Merkmale handelt. Sonst wäre es nicht möglich, unsicheren Pferden Sicherheit zu geben. Auch gibt es alle möglichen Kombinationen und Abstufungen, wie etwa Pferde, die manchmal unsicher extrovertiert und ein anderes Mal sicher introvertiert sind.

Jetzt fehlt uns noch ein letzter Schritt. Obwohl – es ist eigentlich wieder der erste Schritt! Der, in dem es um die richtige Einstellung ging.

Pferden helfen

Sind Sie ein guter Pferdebeobachter geworden, müssen Sie sich immer wieder daran erinnern, warum Sie das sein wollten. Nicht um schneller voranzukommen, sondern um den Pferden zu helfen, sich bereitwilliger auf Sie einzulassen. Jede der vier Grundtendenzen fordert hierbei ihre ganz eigene Strategie – und obendrein muss man wissen, welche Eigenschaften man jeweils fördern sollte.

Introvertierte unsichere Pferd brauchen zum Beispiel viel Zeit und vor allem Raum. Das gilt auch im übertragenen Sinne. Indem wir das Gefühl von Druck vermeiden, geben wir ihnen die Möglichkeit, sich aus sich herauszutrauen. Mit aktiven Versuchen, sie aus ihrem Schneckenhaus zu holen, erreicht man leider oft genau das Gegenteil. Wir brauchen diese verschlossenen Charaktere aber „draußen“, und so bleibt uns nichts anderes übrig, als dafür die nötigen Bedingungen zu schaffen und abzuwarten.

Die extrovertierten unsicheren Pferde sind viel offener, als wir uns das wünschen. Um aus diesem Fluchtmodus herauszukommen, müssen sie als Erstes ihren Kopf wieder einschalten. Um das zu erreichen, sind wir mit der schweren Aufgabe konfrontiert, ihnen gleichzeitig Führung anzubieten und Freiheiten zu lassen. Diese beiden Gegenpole – oder die Balance zwischen beiden – sind die wichtigsten Hilfsmittel, um Pferde sicherer zu machen. Als Fluchttier braucht das Pferd Freiheit, als Herdentier profitiert es von kompetenter, klarer und fairer Führung. Was bei allen anderen Lösungsansätzen und für jeden Zustand der Pferde gilt, ist hier übrigens besonders entscheidend: Wichtiger als das, *was* wir tun, ist, *wie* wir dabei sind.

Hat man ein introvertiertes sicheres Pferd vor sich, gelten wieder ganz andere Regeln. Das große Thema für Menschen mit solchen Pferden lautet: Bewegung. Sie werden nicht selten als faul bezeichnet, doch in Wahrheit dominiert bei ihnen nur der uralte Fluchttier-Grundsatz: Spare deine Energie lieber für Zeiten auf, in denen du sie wirklich brauchst. Sie sehen zu Recht keinen Grund dafür, zehn Minuten lang im Kreis zu rennen, nur um immer wieder an der gleichen Stelle anzukommen. Hier hilft es, ihnen einen echten Sinn und Zweck für ihren Energieeinsatz zu vermitteln, Anforderungen klein zu beginnen und ebenfalls in kleinen Schritten zu steigern. „Viel Anreiz für wenig Einsatz“ lautet die Devise. Als Anreiz können unter Umständen Leckerlis, Pausen und Kratzen dienen, aber auch alles andere, was das Pferd gerade am liebsten haben oder tun möchte.

Zu guter Letzt bleiben noch der extrovertierte sichere Pferdetyp übrig. In diesem Zustand sind Pferde bewegungsfreudig und fühlen sich sicher. Sie *wollen* sich bewegen (die extrovertierten Unsicheren *müssen* sich bewegen) und wir brauchen nur noch dafür zu sorgen, dass sie das etwas kontrollierter und vor allem mit uns zusammen tun. Disziplin und Verbindung heißen diesmal die beiden Zauberworte. Diese beiden Konzepte können leicht miteinander in Konflikt geraten, hängen andererseits aber auch voneinander ab. Wer Disziplin in Form von Gehorsam einfordert, wird nie einen echten Zugang zu einem Pferd finden. Doch wo jeglicher Einfluss auf das Pferd fehlt, wird sicherlich auch keine Verbindung entstehen. Wir hoffen, dass Sie Lust auf mehr bekommen haben und dranbleiben wollen. Versuchen Sie es – die Pferde werden es Ihnen danken!

Foto: Susanne Ottlinghaus

Jenny Wild und Peer Claßen arbeiten seit vielen Jahren als Pferdetrainer. Obwohl sie unterschiedliche Wege gegangen sind, haben sie sich doch zur rechten Zeit am gleichen Ort getroffen und verfolgen seitdem ihr gemeinsames Ziel: mehr Verständnis schaffen zwischen Pferd und Mensch. Deshalb arbeiten sie zuerst mit dem Menschen, um ihm die Pferdesprache beizubringen. Ihre Wurzeln liegen im Natural Horsemanship, doch bis heute lassen sie sich gern durch neue Einflüsse inspirieren wie von Trainern wie Jean-François Pignon, Elsa Sinclair oder von der Akademischen Reitkunst.
www.peerundjenny.de

Moxibustion

Kräuteranwendung mit Hitzeeffekt

von Martina Kiss

Foto: Martina Kiss

Das „Moxen" ist eine Behandlungsmethode aus der Traditionellen Chinesischen Medizin (TCM), aber auch Hildegard von Bingen wusste um die Heilkraft wärmender Kräuter. Die Moxibustion, wie sie ursprünglich genannt wird, ist am bekanntesten als Moxa-Rolle oder -Zigarre, aber auch als Wärmeakupunktur mit Moxa-Kegeln, die auf Akupunkturnadeln stecken. Doch was bewirkt die Moxabustion und wie wird sie angewendet?

In der Chinesischen Medizin basiert die Gesundheitslehre auf den fünf Elementen – Holz, Erde, Feuer, Wasser und Metall –, aber auch auf den Kräften Yin und Yang, die sich sowohl gegenüberstehen als auch ergänzen. Yin ist die ruhende, inaktive Seite und Yang ist die aktive Seite. Man ordnet Yin auch der weiblichen und Yang der männlichen Komponente zu, Yin der Kälte und Nässe, Yang der Wärme/Hitze. Gerät ein Körper ins Ungleichgewicht und somit in die Yin-Energie, weil er zum Beispiel aufgrund von Kälte und Nässe erkrankt, kann er mithilfe einer Moxibustion (Moxa = Beifuß, buro = brennen) behandelt werden.

In der TCM-Lehre erkrankt ein Körper, wenn keine oder nur wenig Energie durch die Energieleitbahnen (Meridiane) fließen kann. Ist ein Meridian blockiert, hat das Auswirkungen auf alle anderen Meridiane und die Organe werden mit zu wenig Energie versorgt. Das führt mit der Zeit zur Energieleere in einem Organ. Ist einmal ein Organ mit Energie unterversorgt, kann dies zur Erkrankung führen und in weiterer Folge werden alle anderen Organe wie in einer Kettenreaktion auch mit weniger Energie versorgt.

Wie wirkt die Moxibustion?

Durch das Anwenden der Moxibustion mithilfe der Moxa-Rolle (indirekte Moxibustion) oder der Moxa-Kegeln (direkte Moxibustion durch Akupunkturnadeln) wird dem Körper wärmende Energie zugeführt. Die Moxa-Rolle, eine mit chinesischen Kräutern (Beifuß) angefüllte Zigarre, wird an der Unterseite angezündet und wenige Zentimeter oberhalb eines Meridianpunkts gehalten.
Die Hitze des entzündeten Beifußes, der ätherische Öle enthält, wird über die Meridianpunkte an die Meridianlinien abgegeben. Dadurch kann

Neben der Moxa-Zigarre werden auch Moxa-Kegel auf Akupunkturnadeln als direkte Moxibustion verwendet. *Foto: Christiane Slawik*

ein Hitzeleitstrahl entlang des Meridians durch den ganzen Körper gehen, sodass die Energie wieder frei fließen kann. Durch das Moxen wird die Durchblutung angeregt, die Abwehr gesteigert, der Stoffwechsel aktiviert und somit die Selbstheilungskräfte des Körpers angeregt.

Vorsicht – nicht in Laienhände!

Diese Art der sanften Behandlung hat in den letzten Jahren auch in der Tierheilpraxis Einzug gehalten. Als sanfte Behandlungsmethode darf man die Moxabustion schon bezeichnen, aber selbst die Anwendung mit der Moxa-Rolle gehört nicht in Laienhände. Bevor man sein Pferd moxen lässt, sollte man austesten lassen, ob die Anwendung benötigt wird. Denn zu viel Energie ist genauso schädlich wie zu wenig. Ein weiterer Faktor ist, dass die Hitze, die in der Moxa-Rolle entstehen kann, so stark ist, dass, wenn man die Rolle zu nah ans Fell hält, dieses angesengt werden kann und sogar Brandblasen auf der darunterliegenden Haut entstehen können.

Vorsicht!

Nach einer Behandlung mit der Moxa-Rolle oder -Zigarre muss diese abgedämpft werden. Die Glut des Beifußes lässt sich nicht einfach mit Wasser löschen. Am effektivsten löscht man glimmenden Beifuß, indem man die Zigarre in ein Glas mit Reis steckt.

Wann darf man Moxibustion einsetzen und wann nicht?

Die Anwendung der Moxibustion sollte mit einem TCM-Tierarzt oder einem kundigen Tierheilpraktiker abgesprochen werden.

Sie ist bei folgenden Erkrankungen sinnvoll: bei ...

- Rückenproblemen
- Magen-Darm-Problemen
- Muskelverspannungen
- allen nicht entzündlichen Erkrankungen
- Kälteerkrankungen nach der TCM

Wann sollte sie nicht eingesetzt werden? Bei ...

- akuten Entzündungen
- nicht definierten Schwellungen mit Verdacht auf Entzündungen
- akuten Koliken
- Infektionen
- Fieber
- Herz-Kreislauf-Erkrankungen
- Allergien oder Überempfindlichkeiten gegenüber Beifuß oder Kräutern
- wärmeempfindlichen Tieren

Immer mehr Menschen suchen nach alternativen Methoden, um ihre Pferde behandeln zu lassen, damit Erkrankungen erst gar nicht entstehen. Für solche lohnt es sich, einen Blick in die TCM zu riskieren.

Zecken

– mehr als nur lästige Krabbeltiere

von Dr. Christina Fritz

Foto: Christiane Slawik

Kaum wird das Wetter im Frühling warm, muss man sie nach dem gemütlichen Spazierritt durch den Wald schon wieder von seinem Pferd sammeln: Zecken. Besonders gern sitzen sie in Hautfalten oder an anderen Stellen, wo man nur schlecht drankommt, und ekelig ist das Entfernen auch noch. Dabei sind Zecken nicht nur lästig, sondern sie können auch ernsthafte Krankheiten übertragen und noch Jahre nach einem Biss dem Pferd Gesundheitsprobleme bescheren.

Zecken setzen sich gern in Hautfalten fest. Deshalb sollte man sein Pferd öfter nach ihnen absuchen. *Foto: Christiane Slawik*

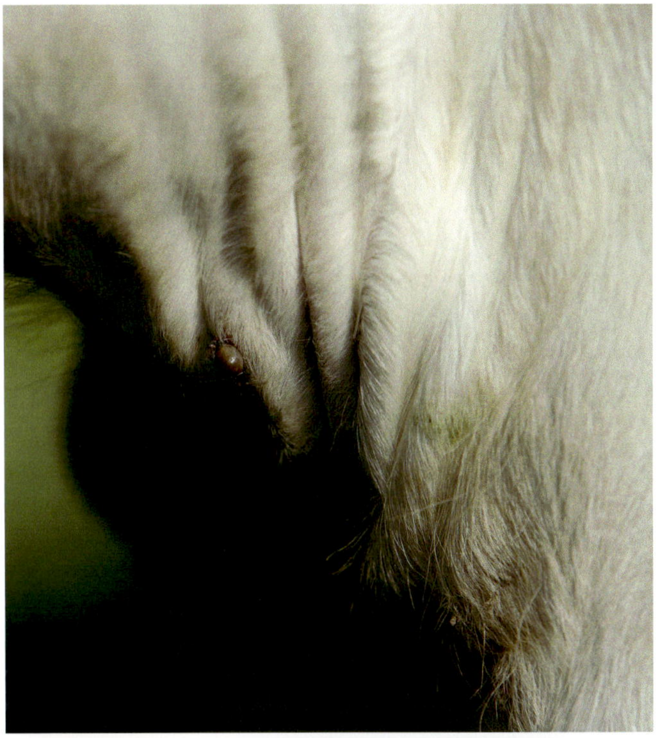

Zecken, auf Latein Ixodida genannt, gehören zur Ordnung der Milben und damit in das Reich der Spinnentiere. Sie ernähren sich parasitär, indem sie von ihren Wirten Blut saugen. Und genau das macht sie so gefährlich, weil sie dabei mit ihrem Speichel Krankheiten übertragen können. Weltweit kennt man über 900 verschiedene Zeckenarten, davon leben etwa 20 Arten in Deutschland. Zu den am häufigsten vorkommenden Kandidaten gehört bei uns der zu den Schildzecken gehörende „Gemeine Holzbock" (Ixodes ricinus), der auch gern den Menschen befällt.

KEINE ZECKE OHNE WIRT

Die meisten Zecken haben Wirte, die sie bevorzugen, aber in der Not gehen sie auf alles, was Blut hat. Pferde haben dabei besonders häufig mit den lauernden Zeckenarten zu tun, wie mit dem Gemeinen Holzbock. Es ist ein Gerücht, dass Zecken auf Bäumen sitzen und sich auf ihre Opfer hinabfallen lassen. Es würde die Zecke viel zu viel Energie kosten, so weit nach oben zu klettern, um dann vielleicht den Wirt beim Runterfallen zu verfehlen. Vielmehr krabbeln lauernde Zecken an Büschen, Gräsern oder Kräuterpflanzen hoch, sodass sie bequem in genau der Höhe sind, wo ihre Wirte an den Pflanzen entlangstreichen.

An ihren Vorderbeinen haben sie Sensoren, mit denen sie die Luft scannen können. Fast alle blutsaugenden Insekten haben Sensoren für CO_2, das von potenziellen Wirten ausgeatmet wird. Bei vielen Zecken kommen außerdem noch andere Sensoren dazu, beispielsweise für Buttersäure, die mit dem Schweiß abgegeben wird und den Wirt erst recht attraktiv macht. Sobald auch noch ein raues Fell an der Zecke vorbeistreicht, hält sie sich daran fest und krabbelt auf dem Wirt zu einer Stelle, wo sie sich gut festbeißen kann. Die meisten Zeckenarten bevorzugen Stellen, wo die Haut dünn und gut durchblutet ist und das Klima eher feucht. Da Pferde teilweise sehr dicke Haut haben, findet man entsprechend selten Zecken am Rücken, aber häufig in den Beinfalten, in Höhe des Ellbogens, zwischen den Hinterbeinen, an der Brust oder am Kopf, wo die Haut deutlich dünner ist. Es gibt aber auch Zeckenarten, die nicht so wählerisch sind und durch dickere Hautschichten stechen können.

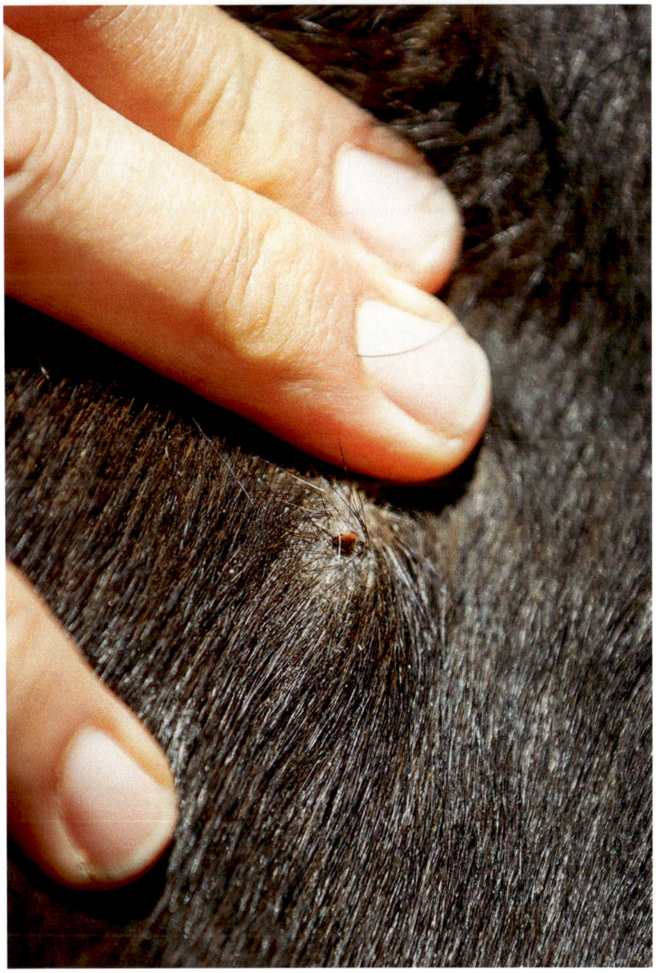

Man bemerkt sie meist nur als kleine Erhebung im Fell – biegt man die Haare auseinander, kommt an der Hautoberfläche die Zecke zum Vorschein. *Foto: Christiane Slawik*

Sind erwachsene Zecken mit Blut vollgesogen – wobei sie ein Vielfaches ihrer ursprünglichen Körpergröße erreichen können –, lassen sie sich fallen und suchen einen geschützten Ort, um dort ihre bis zu 20.000 Eier abzulegen. Aus denen schlüpfen dann Larven, die sich nach einer ersten Blutmahlzeit an einem Wirt zu Nymphen weiterentwickeln, die nach einer weiteren Blutmahlzeit zu Adulten werden, die wiederum Blut saugen und wieder Eier legen. Im Herbst suchen die Larven und Nymphen einen geschützten Ort auf und fallen bei Temperaturen unter 8 °C in ein Ruhestadium, weshalb man im Winter meist keine Zecken an seinem Pferd findet.

Wie saugen Zecken überhaupt Blut ihrer Wirte?

Zecken haben einen ausgefeilten Stechapparat. Mit ihren Mundwerkzeugen (Cheliceren) reißen sie die Haut ihres Wirts auf und bohren ihren rüsselartigen Mundstachel (Hypostom) in die entstandene Grube, die sich mit Blut füllt, und saugen es auf. Es sind also genau genommen Zeckenstiche, keine Zeckenbisse.

Besonders beliebt sind bei Zecken Mäusenester als Winterquartier, weil es hier warm ist und die Mäuse für die Zecken einen möglichen Wirt für die Nahrungsaufnahme darstellen. Deshalb steht die Menge an Zecken häufig auch in ziemlich direktem Zusammenhang mit der Menge an Mäusen, die in einer Umgebung leben. In „guten Eicheljahren“ können sich die Mäuse gut bevorraten für den Winter und erfahrungsgemäß hat man im darauffolgenden Sommer mehr Probleme mit Zeckenbefall. Auch Pferdeställe sind für Mäuse oft das reinste Paradies: Herumstehende Pferdefuttersäcke, in die

Zecken halten sich mit ihren Hinterbeinen an Gräsern, Büschen oder Kräuterpflanzen fest und strecken die Vorderbeine nach vorn aus. So lauern sie, bis ein Opfer vorbeikommt, auf das sie sich fallen lassen können. *Foto: Christiane Slawik*

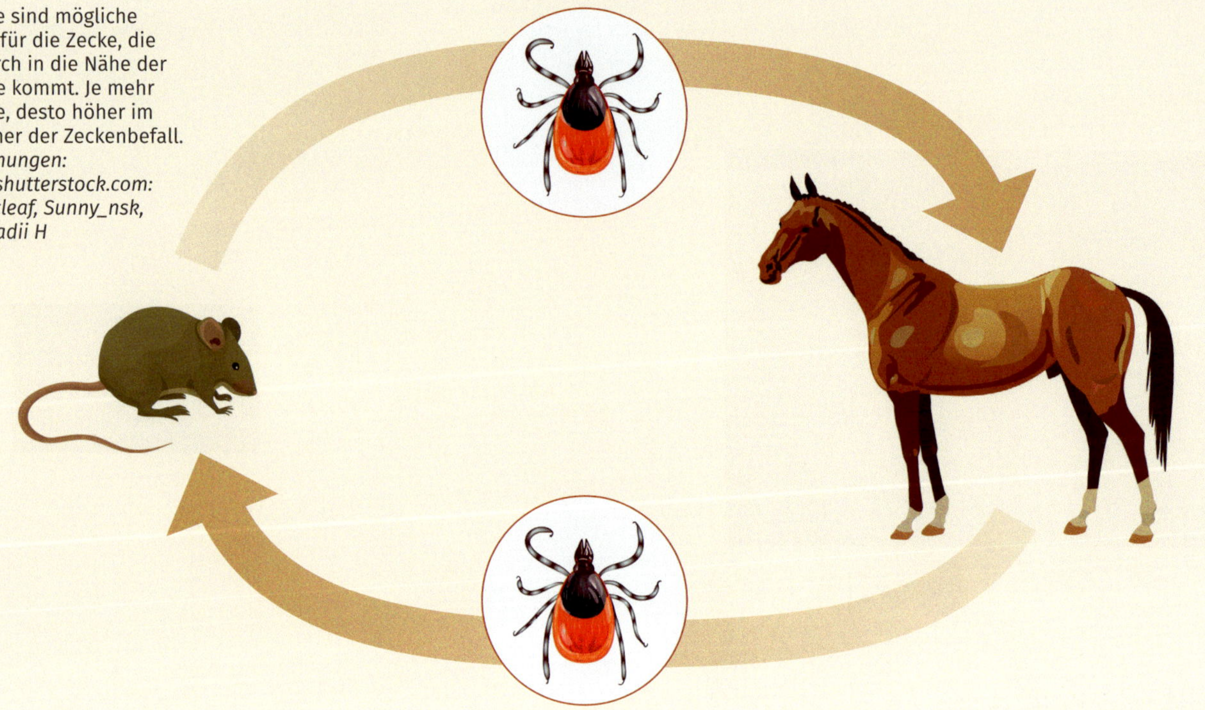

Mäuse sind mögliche Wirte für die Zecke, die dadurch in die Nähe der Pferde kommt. Je mehr Mäuse, desto höher im Sommer der Zeckenbefall. *Zeichnungen: www.shutterstock.com: Magicleaf, Sunny_nsk, Hennadii H*

man leicht ein Loch nagen kann, offen stehende Futterkisten oder verkrümeltes Kraftfutter in der Futterkammer und in den Boxen sorgen für gut gemästete Mäuse. Je mehr Futter, desto besser überleben die Mäuse den Winter und desto stärker können sie sich vermehren. Je mehr Mäuse, desto mehr Zecken.

ZECKEN ALS KRANKHEITSVEKTOREN

Zecken können Krankheiten an ihre Wirte übertragen, ohne selbst zu erkranken. Während der Blutverlust selbst bei Befall durch mehrere Zecken für ein Pferd noch ohne Probleme zu kompensieren wäre, können Krankheitserreger zu nachhaltigen Gesundheitsproblemen führen. Dazu gehören Borreliose, Frühsommer-Meningoenzephalitis (FSME, Hirnhautentzündung), Anaplasmose, Babesiose und andere. Beim Pferd spielt in unseren Breitengraden vor allem die Borreliose eine Rolle. FSME und Anaplasmose kommen beim Pferd deutlich seltener in klinisch auffälliger Form vor. Babesiose ist aber auch ein Thema bei Pferden, die aus südlichen Ländern importiert werden.

BORRELIOSE – AKUT UND CHRONISCH EIN PROBLEM

Die als Lyme-Borreliose oder auch als Lyme Disease bekannte Infektion mit dem bakteriellen Erreger Borrelia burgdorferi ist eine Erkrankung, die beim Pferd lange Zeit von der Veterinärmedizin unterschätzt wurde. Der Erreger wurde erstmalig 1982 isoliert und genauer untersucht, dabei fand man heraus, dass es verschiedene Subspezies gibt, die unterschiedliche Krankheitsverläufe verursachen können. Allerdings wurde eine wichtige Fähigkeit dieser Bakterien unterschätzt. Man ging früher davon aus, dass bei einem akuten Infekt die Gabe von Antibiotika oder die Reaktion eines gesundes Immunsystems ausreichen würde, um den Erreger nachhaltig zu bekämpfen.

Erst in Studien, die nach 2006 erschienen, wurden die Abwehrstrategien der Borrelien genauer untersucht. Hier zeigte sich, dass die Bakterien aus der Familie der korkenzieherförmigen Spirochäten in der Lage sind, ihre Oberfläche gezielt so zu verändern, dass sie vom Immunsystem des Pferdes nicht mehr erkannt werden können. Das erklärt, warum Borreliose so häufig chronische Verläufe nehmen kann, die in Schüben erfolgen. Im Akutstadium, unmittelbar nach einer Infektion, können die Pferde komplett unauffällig sein. In einigen Fällen führt eine frische Borreliose-Infektion auch zu erhöhter Temperatur, die Pferde sind abgeschlagen, können angelaufene Beine zeigen, leichte Lahmheiten oder steife Bewegungen, teilweise reagieren sie empfindlich auf Berührung oder andere Außenreize. Die Symptome sprechen in der Regel unspezifisch für einen Infekt und nur selten wird in diesem Stadium gezielt auf eine Infektion mit Borrelien untersucht.

Die Erreger können sich dadurch oft im Körper ausbreiten und in schlecht durchbluteten Geweben wie Knorpel- oder

Bindegewebe festsetzen, wo sie vom Immunsystem nur schwer oder gar nicht erkannt werden („Krankheitsherde"). Von hier aus kann es immer wieder zu Schüben kommen, wenn zum Beispiel das Immunsystem geschwächt ist. Dann können sich die Erreger wieder stärker vermehren, den Körper überfluten und zu akuten, unspezifischen Symptomen führen, die manchmal genauso von allein wieder abklingen, wie sie aufgetreten sind. Beim Pferd besonders oft betroffen von chronischer Borreliose ist der Bewegungsapparat, da die Borrelien einzelne Gelenke infizieren können. Das führt im Symptombild beispielsweise zu intermittierenden oder unklaren Lahmheiten oder Taktunreinheiten, Bewegungsunlust oder Abwehrverhalten, wenn der Reiter bestimmte Übungen fordert. Auch das zentrale Nervensystem kann befallen sein (Neuroborreliose) und damit zu Ausfällen führen, die zu Verhaltensstörungen, Ataxie oder partiellen Lähmungen führen können.

Darüber, wie viele Pferde bei uns schon mit Borreliose-Erregern Kontakt hatten und wie viele davon klinisch erkrankt sind, liegen keine belastbaren Daten vor. In den USA geht man nach Untersuchungen davon aus, dass etwa 75 Prozent der Pferdepopulation schon einmal Kontakt mit Borrelien hatten, da man bei etwa drei Viertel der untersuchten gesunden Pferde Antikörper gegen die Erreger nachweisen konnte. Da nicht jedes Pferd, das mit Borrelien infiziert wurde, auch Krankheitssymptome zeigt und aufgrund des diffusen Symptombilds nicht jedes erkrankte Pferd auf Infektion mit Borrelien untersucht wird, ist eine genaue Aussage für andere Länder schwierig. Für Menschen existiert in Deutschland nur in neun Bundesländern eine Meldepflicht, daher kann man auch über diesen Weg keine gesicherte Aussage zum Vorkommen machen. Man kann aber davon ausgehen, dass Zecken in ganz Europa mit Borrelien infiziert sein können – lokal sicher in unterschiedlich starker Ausprägung. Ob, wie stark und zu welchen Symptomen eine Infektion führt, ist je nach Pferd sehr unterschiedlich.

FSME BEIM PFERD EIN PROBLEM?

Die Frühsommer-Meningoenzephalitis (FSME) ist beim Menschen eine ernst zu nehmende, von Zecken übertragene Virusinfektion des zentralen Nervensystems. Etwa bei einem Drittel der Menschen, die von FSME-infizierten Zecken gestochen werden, tritt eine Entzündung der Hirnhäute und des Rückenmarks auf. Der Erreger ist dabei geografisch sehr ungleich verteilt: In einigen Regionen wie Bayern oder Baden-Württemberg ist das Risiko, sich an einer Zecke zu infizieren, sehr hoch, in anderen Regionen hingegen tritt der Erreger offenbar überhaupt nicht auf. Die Viren sind relativ wirtsunspezifisch, allerdings reagieren die verschiedenen Wirte ganz unterschiedlich auf eine Infektion. Auch Pferde können sich durch Zecken grundsätzlich mit FSME infizieren, mit sehr unterschiedlichen Verläufen.

Die bei Pferden auch als Tick Borne Encephalitis (TBE/TBEV) bezeichnete FSME kann, genauso wie die Borreliose, völlig unauffällig verlaufen, aber auch dramatische Formen annehmen. So haben verschiedene Untersuchungen gezeigt, dass zwar 3–25 Prozent der Pferdepopulation Antikörper aufweist, aber nur ein Bruchteil davon auch klinische Symptome zeigt beziehungsweise gezeigt hat. Das Symptombild von FSME beim Pferd ist auch relativ unspezifisch, ebenfalls ähnlich wie bei der Borreliose. Zu den möglichen Symptomen zählen schlechtes Allgemeinbefinden, mangelnder Appetit, Gangunsicherheit und erhöhte Sensibilität auf Umweltreize (Licht, Geräusche). Die meisten Pferde erholen sich nach relativ kurzer Zeit vollständig und ohne bleibende Schäden, da FSME nicht zur Bildung von chronischen Krankheitsherden neigt. Es kann aber auch zu massiven neurologischen Ausfällen kommen, bis dahin, dass man die Pferde euthanasieren muss. Solche Fälle sind jedoch sehr selten und hier muss auch immer klar abgegrenzt werden gegen andere mögliche Infekte des zentralen Nervensystems wie Equines Herpesvirus Typ 1 oder 4, Borna-Krankheit, Tollwut oder Listeriose.

Nach durchlaufenem, meist klinisch unauffälligem FSME-Infekt kann man davon ausgehen, dass die betroffenen Pferde eine Immunität entwickeln und damit vor weiteren Erkrankungen geschützt sind.

ANAPLASMOSE – WENIG BEKANNT, ABER NICHT WENIGER GEFÄHRLICH

Zecken übertragen nicht nur die allgemein bekannten Krankheiten wie Borreliose oder FSME, sondern auch unbekanntere Erreger wie Anaplasma phagocytophilum, ein Bakterium aus der Familie der Rickettsien. Man geht davon aus, dass derzeit bis zu 5 Prozent der Zecken in Deutschland mit Anaplasma infiziert sind. Die Erkrankung, die von ihnen ausgelöst wird, läuft unter dem Namen Anaplasmose oder Equine granulozytäre Ehrlichiose.

Wird ein Pferd infiziert, kann der Infekt – wie auch bei Borreliose und FSME – subklinisch verlaufen (ohne Symptome). Zeigen Pferde Krankheitsanzeichen, sind es meist Fieber bis 41 °C, gefolgt von Durchfall. Darauf folgen Apathie, mangelnder Appetit, Koliken, Störungen im Bewegungsapparat oder im zentralen Nervensystem, teilweise auch Ödeme, wobei nicht alle Symptome auftreten müssen, insgesamt relativ unspezifische Symptome, die vor allem auf einen Infekt hinweisen. Da die Erreger die weißen Blutkörperchen angreifen, wird das Immunsystem geschwächt, was zu einem schweren Verlauf führen kann. Dramatische Fälle, in denen es teilweise auch zum Tod des Pferdes kam, waren bisher meist auf Sekundärinfektionen zurückzuführen. Daher sollte der Fokus auf der schnellen antibiotischen Behandlung der Anaplasmen basieren, um das Immunsystem zu schützen.

Bei der Anaplasmose kann es bei einem Infekt zu Fieber kommen, gefolgt von Durchfällen. *Foto: Christiane Slawik*

DER KLIMAWANDEL VERÄNDERT DIE INFEKTIONSLAGE

Die Veränderungen des Klimawandels haben bereits dazu geführt, dass die Durchschnittstemperaturen in Deutschland um etwa 1,5 °C gestiegen sind. Mildere Winter und trockene Sommer mögen für den Reiter auf den ersten Blick erfreulich sein, haben aber bei näherem Hinsehen einige unschöne Nachteile. Dazu gehört, dass Zecken vielfach auch im Winter aktiv sind, wenn die Temperaturen nicht unter 7 °C sinken. Deshalb kann auch ein Ausritt an milden Wintertagen dazu führen, dass man anschließend sein Pferd auf Zecken kontrollieren sollte.

Darüber hinaus hat die Klimaverschiebung den unerfreulichen Effekt, dass viele temperaturempfindliche Überträger von Krankheiten, wie bestimmte Mücken- oder Zeckenarten, im Winter nicht mehr erfrieren. Sie beginnen, sich vom Mittelmeerraum nach Norden auszubreiten und dort heimisch zu werden. So konnten 2018 schon die ersten Fälle von West-Nil-Virus bei Pferden in Deutschland nachgewiesen werden, einer von Mücken übertragenen Krankheit, die sonst nur in deutlich wärmeren Gebieten vorkommt. Bei den Zecken hat man in Deutschland seit 2007 und in Österreich seit 2018 schon mehrfach die auch als Tropenzecke bezeichnete Hyalomma-Zecke nachgewiesen, deren Heimat Afrika ist und die vermutlich als „blinder Passagier" mit Zugvögeln in den Norden gekommen ist.

BABESIOSE/PIROPLASMOSE – NICHT MEHR NUR EIN MEDITERRANES PROBLEM

Die von wärmeliebenden Zeckenarten wie Hyalomma übertragene Infektionskrankheit Babesiose, auch Piroplasmose genannt, die von Theileria equi beziehungsweise Babesia caballi verursacht wird, war bisher vor allem im Mittelmeerraum und anderen südlich-warmen Ländern verbreitet. Sowohl in Deutschland als auch in der Schweiz konnten schon Infektionen bei Pferden nachgewiesen werden, die nicht eingeschleppt, sondern dort vor Ort (autochthon) erfolgt waren. Insbesondere Flussauen bieten diesen Erregern oft gute Bedingungen, weil hier die Winter häufig noch milder ausfallen als in wasserarmen Gegenden.

In den Ländern, in denen Babesiose traditionell beheimatet ist, findet man ein vergleichbares Verhalten des Pferdeimmunsystems wie bei uns mit Borreliose: Viele Pferde weisen Antikörper gegen die Erreger auf, aber nicht jedes Pferd erkrankt. Ähnlich wie Borrelien verbleiben die Erreger nach der Infektion häufig über Jahre im Körper („Krankheitsherde") und können immer wieder Krankheitsschübe auslösen, insbesondere wenn das Immunsystem geschwächt ist. Für Babesien konnte gezeigt werden, dass sie bis zu vier Jahre im Tier verbleiben können, Theileria vermutlich ein Leben lang.

Wiederholt auftretende Fieberschübe bis zu 41 °C, Schwäche, mangelnder Appetit, milde Kolikanzeichen sowie Bewegungsstörungen gehören zu den möglichen Symptomen. Manche Pferde zeigen auch Ödeme oder Lähmungserscheinungen, meist sind Puls und Atmung erhöht. Die Erreger befallen die roten Blutkörperchen, die dadurch zerfallen. Das sorgt dafür, dass immer weniger Sauerstoff ins Gewebe gelangt, die Pferde werden apathisch; die Bilirubinwerte im Blut steigen an, die Pferde bekommen Gelbsucht. Babesiose kann beim Pferd zwar medikamentös behandelt werden, allerdings mit erheblichen Nebenwirkungen. Daher ist bei Babesiose – wie bei allen anderen von Zecken übertragenen Krankheiten – die Vorbeugung die beste Therapie.

WAS TUN GEGEN ZECKEN?

Zecken gehören so unvermeidbar zum Sommer wie Mücken, Bremsen und Fliegen. Da Infektionserreger in der Regel innerhalb der ersten 24 Stunden nach dem Festbeißen der Zecke durch ihren Speichel übertragen werden, ist es essenziell, sein Pferd nach jedem Ritt und nach jedem Weidegang abzusuchen und Zecken zu entfernen. Dafür greift man sie am besten mit einer Zeckenschlinge oder einem Zeckenhaken in Höhe ihrer Mundwerkzeuge und hebelt sie aus der Haut heraus. Entsorgen kann man sie in einem Schraubglas voll Spiritus. Wenn Teile der Mundwerkzeuge in der Haut verbleiben, ist das kein Problem, der Körper stößt sie innerhalb der nächsten Tage von allein ab. Wenn sich die Stichstelle verändert – anschwillt, heiß oder schmerzhaft wird –, sollte unbedingt sofort ein Tierarzt hinzugezogen werden, weil das Risiko besteht, dass sich das Pferd mit einem Erreger infiziert hat. Allerdings führt nicht jede Infektion zu einer Veränderung der Stichstelle und nicht immer findet man die für einen Infekt verantwortliche Zecke.

Am besten ist es, wenn das Pferd gar nicht erst von der Zecke gestochen wird. Man kann versuchen, den Eigengeruch des Pferdes dahingehend zu verändern, dass es für Zecken unattraktiver wird. Hier gibt es verschiedene „Fliegensprays" auf dem Markt, die teilweise auch einen Schutz gegen Zecken versprechen. Allerdings findet ein regelmäßiges „Wettrüsten" statt zwischen den immer resistenter werdenden „Blutsaugern" und den Herstellern der Insektensprays. Man muss ausprobieren, welches Mittel in der eigenen Region noch gut funktioniert, und möglichst regelmäßig wechseln, um Resistenzen vorzubeugen.

WEIDEN „ENTZECKEN"

Hat man Weiden, die regelrecht „verseucht" mit Zecken sind, kann man auch versuchen, die Zeckenpopulation zu dezimieren, bevor sie die Pferde befallen. Dafür baut man sich eine Fahne aus einem stabilen Stock und einem alten Frotteehandtuch. Das Handtuch sprüht man sparsam mit Buttersäure ein (Handschuhe verwenden!). Mit diesem Handtuch geht man die Weide ab und streicht über Gräser und Büsche. Durch den Geruch und die raue Oberfläche meinen die Zecken, dass ein Tier an ihnen vorbeiläuft, und halten sich an dem Handtuch fest. Anschließend kann man sie mit einer Pinzette absammeln und entsorgen. Wenn man das regelmäßig auf seinen Weiden macht, reduziert man mittelfristig die Zeckenpopulation ganz erheblich und muss weniger Krabbeltiere von seinem Pferd absammeln. Außerdem kann man ihnen das Winterquartier entziehen, indem man es Mäusen maximal ungemütlich macht: Futter nagersicher verräumen, verkrümelte Kraftfutterreste regelmäßig aufkehren und in der Mülltonne entsorgen, Katzen im Stall halten für die Mäusejagd. All das trägt dazu bei, dass man langfristig weniger Zecken auf den Pferden findet und damit auch das Infektionsrisiko sinkt.

Dr. Christina Fritz studierte Biologie mit anschließender Promotion. Nach vielen Aus- und Weiterbildungen im alternativtherapeutischen Bereich führt sie seit über zehn Jahren eine Praxis für integrierte Pferdetherapie. Darüber hinaus hält sie Vorträge, Fortbildungen und Webinare über artgerechte Pferdefütterung und -haltung. Sie ist Autorin mehrerer Fachbücher wie „Zivilisationskrankheiten bei Pferden" und „Kinesiologie am Pferd" und betreibt die Gesundheitswebsite wissen.sanoanimal.de.
www.christinafritz.de

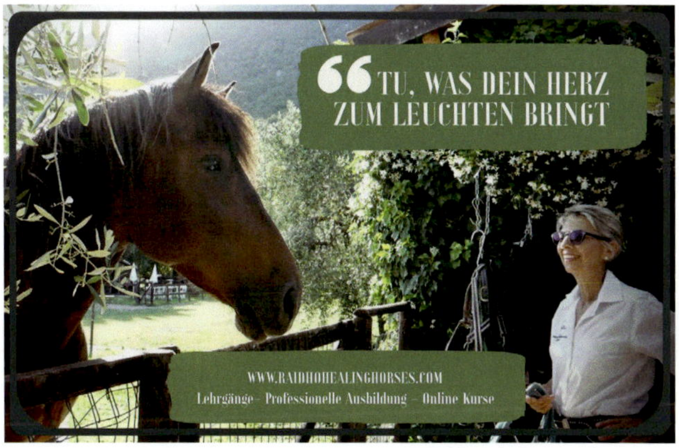

H_2Oh, mein

Foto: Maike Klein

Pferd ist weg!

Wassergewöhnung leicht gemacht

von Nina Steigerwald

Der wohltuende Effekt einer Dusche zum Entfernen von Schweiß oder das Kühlen eines Beines sollte für den Besitzer keine schweißtreibende Angelegenheit sein, ist es in der Realität aber leider oft. Bei manchen Parasitenmitteln muss sogar das ganze Pferd gewaschen werden; ein Hufbad erleichtert dem Schmied die Bearbeitung der Hufe im Sommer ungemein und so manche Wunde sollte gründlich gespült werden können. Schauen wir uns die Anwendung von Wasser auf dem Pferdekörper unter dem Gesichtspunkt der Reizvielfalt an, haben wir Verschiedenes, was einzeln trainiert werden kann und je nach Pferd auch entsprechend kleinschrittig angegangen werden sollte.

Der stärkste Reiz ist der auf der Haut Ihres Pferdes. Wenn man bedenkt, dass viele Pferde extra den eingestreuten Bereich im Stall oder Paddock aufsuchen, um zu vermeiden, dass der Urin an die Beine spritzt, wird schnell klar, dass Flüssigkeit auf der Haut nicht immer angenehm ist. Dagegen gibt es die große Zahl der Offenstallpferde, die sich trotz eines geräumigen Unterstandes lieber in den Regen stellen. Vorlieben und Abneigungen sind wie immer höchst individuell verteilt. Nass werden, weil etwas aus den Wolken kommt, oder mit dem Schlauch abgespritzt werden sind auf jeden Fall oft zwei Paar Schuhe.

Ein weiterer ernst zu nehmender Faktor ist das Plätschergeräusch, wenn Wasser auf den Boden trifft. Nicht umsonst werden Rasensprenger auf einer Plastikplane bei anspruchsvollen Trails als zu bewältigende Aufgabe eingesetzt. Pferde können darauf sehr abwehrend beziehungsweise mit Flucht reagieren. Sie sollten auch berücksichtigen, dass das Geräusch ein erlernter Ankündiger für eine unangenehme Konsequenz sein kann. Die Information „Plätschern" bedeutet für Ihr Pferd, dass bei dem Verhalten des Stillstehens die Konsequenz des Nasswerdens folgt. Wenn Ihr Pferd das nicht mag, wird allein schon das Plätschern entsprechendes Meideverhalten wie zum Beispiel Zurückweichen nach sich ziehen.

Schlangen können lebensgefährlich sein und ein sich auf dem Boden windender langer Gegenstand, der sich auf ein Pferd zubewegt, stellt in den Augen manchen Pferdes eine ernste Gefahr dar. Sie sollten also diesen optischen Reiz separat trainieren. Hinzukommen kann wie beim Geräusch auch die Verknüpfung des Wasserschlauchs mit der unangenehmen Konsequenz von spritzendem Wasser. Also entfernt sich das Pferd lieber schon beim Anblick der vermeintlichen Bedrohung.

Wie bei allen potenziell unangenehmen Maßnahmen am Pferdekörper ist auch beim „Flüssigkeitentraining" die Erfahrungsgeschichte Ihres Pferdes in dem Bereich entscheidend für sein Verhalten in der jeweils akuten Situation. Hat es schon die Erfahrung gemacht, dass durch Hin-und-her-Trappeln das Störende vermieden werden kann, wird es auch wieder versuchen, diese Strategie anzuwenden. Und wenn es nur ein kurzer Moment der Erleichterung ist, weil das Bein angehoben wird und der Wasserstrahl nicht sofort trifft – es ist und bleibt eine positive Konsequenz, die das Verhalten „Ich hebe mein Bein an" für das Pferd bedeutet. Es wird sich höchstwahrscheinlich auch wieder so verhalten, schließlich hat es schon einmal geholfen. Wir können und sollten nie darauf hoffen, dass unser Pferd versteht, dass es sowieso nichts bringt, auszuweichen, und das nasse Element ja nur gut gemeint und zu seinem Nutzen ist.

Die Aufgabe von uns mitdenkenden Menschen ist es, ihm freundlich und fair zu erklären, dass es sich lohnt, schön brav mit allen vier Hufen auf dem Boden stehen zu bleiben. Lohnen bedeutet im Trainingskontext mit positiver Verstärkung: Das Ereignis und das damit verbundene Gefühl, das dem Verhalten folgt, möchte das Pferd von sich aus gern haben. Hier kommt das Futterlob ins Spiel. Natürlich können Sie sagen: „Das muss doch so gehen!", und kleinschrittig und geduldig

Beginnen Sie immer mit kleinen Reizen, steigern Sie diese schrittweise und beobachten Sie gut die Rektionen Ihres Pferdes. *Fotos: Maike Klein*

Wassertraining beginnt ohne Wasser. Zuallererst lernt Ihr Pferd, das Wasserbecken zu betreten. Sie können diesen praktischen Trainingshelfer aus vier Balken unter einer Plastikplane bauen. Idealerweise legen Sie den Boden des Beckens mit einer rutschfesten Gummimatte aus. So stellen Sie sicher, dass Ihr Pferd, ohne zu rutschen und schlechte Erfahrungen zu machen, durch die Passage kommt. *Foto: Maike Klein*

Hier das Video zum Artikel:
https://youtu.be/VThA5R4cwMA

an die Wassergewöhnung gehen, es wird auch funktionieren. Wenn Ihnen aber auch wichtig ist, wie Ihr Pferd sich dabei fühlt, bietet sich das Clickertraining an.

Es macht für die Lernprozesse einen großen Unterschied, ob mit freudiger Erwartung auf etwas Gutes gearbeitet wird oder ob es um das reine Aushalten geht, weil man als Pferd sowieso keine Alternative hat. Selbstverständlich sind in der positiven Verstärkung Grundlagen notwendig, das gilt für Mensch und Pferd gleichermaßen. Ihr Pferd muss zuallererst lernen, sich nahe bei einer gefüllten Futtertasche gesittet zu benehmen und keinerlei Tendenzen zur Selbstbedienung zu haben. Sie selbst brauchen ein wachsames Auge, das den ganzen Pferdekörper und vor allem die Mimik Ihres Pferdes im Blick hat. Nur so können Sie die passenden Trainingsschritte wählen und auf die Bedürfnisse Ihres Pferdes eingehen. Dies hilft beim Aufbau eines vertrauensvollen Miteinanders, weil Sie fairer handeln können. Eine weitere benötigte Fähigkeit bei uns Menschen ist präzises Timing: Erfolgt der Click zu spät, lernt Ihr Pferd das Falsche. Der große Vorteil des Clickers – die punktgenaue Auswahl des richtigen Moments – bedarf der korrekten Anwendung. Zentral ist auch der richtige Ablauf der Verstärkung: Erst clicken, dann aktiv die Hand mit dem Futter zum Pferdemaul bewegen.

Aktiv ins kühle Nass

Eine Pfütze oder einen Bach zu betreten ist etwas anderes, als nass gemacht zu werden. Beim Betreten muss sich das Pferd aktiv und bewusst in die unangenehme Situation hineinbegeben. Beim Waschen hingegen ist die Anforderung eine Impulskontrolle, durch die Ihr Pferd in der Lage ist, den ehemals unangenehmen Reiz mit dem neuen Verhalten, brav und entspannt stillzustehen, zu beantworten.

Wenn Ihr Pferd schon Erfahrung mit dem Betreten von Planen im Trail hat, können Sie direkt mit dem vollständig aufgebauten Becken starten. Hat es allein bei dieser Aufgabe schon starke Bedenken, lassen Sie die Balken weg und trainieren Sie erst einmal das Betreten der Plane.

In diesem Trainingsschritt ist das erste Ziel, dass Ihr Pferd brav vor dem „Becken" wartet und auf eine Aufforderung Ihrerseits prompt mit allen vier Hufen hineingeht, um dort im Stehen Click und Futter zu bekommen. Sollte es sehr zögerlich sein, gehen Sie rückwärts, mit zum Pferd gewandten Körper, in die vermeintliche Gefahr vor. Neigt Ihr Pferd dazu, das Becken nur mit den Vorderbeinen zu betreten, helfen Sie ihm mit Pylonen, die Sie rechts und links platzieren. Sie sollten immer erst losgehen, wenn Ihr Pferd ruhig und höflich neben Ihnen steht.

Beim ersten Huf, der das Becken trifft, wird geclickt und gefüttert. So verfahren Sie mit jedem Huf, bis Ihr Pferd mit allen vieren im trockenen Becken steht. Für höfliches und ruhiges Stehen von einer Dauer von circa zwei bis fünf Sekunden gibt es jeweils einen Click. Dann fordern Sie Ihr Pferd auf, das Becken zu verlassen, gehen eine kleine Volte und beginnen von Neuem. Beobachten Sie hierbei Ihr Pferd gut: Wie flüssig betritt es das Becken? Zögert es noch vor jedem Schritt? Wie gut kann es dort stehen bleiben? Abhängig von der Qualität des Betretens steigern Sie nun die Anforderungen.

Erst wenn ein Trainingsschritt fünfmal in Folge erfolgreich absolviert wurde, geht es weiter.

1. Becken ohne Wasser
2. Den Boden mit Wasser benetzen
3. Wasserstand ½ Zentimeter hoch
4. Wasserstand 1 Zentimeter hoch
5. Wasserstand 2 Zentimeter hoch
6. Und so weiter, bis das Wasser über den Kronsaum reicht.

Bei einem Becken von circa 1 x 2 Meter Fläche ist eine Gießkanne voll (circa zehn Liter) ein guter Trainingsschritt. Es ist jedoch immer vom jeweiligen Pferd abhängig, wie schnell man vorgehen sollte. Ab dem Moment, in dem beim Betreten Wasser hochspritzt, kann es sein, dass Ihr Pferd nicht mehr so prompt hineingeht. Füttern Sie langsames Hineingehen mit einer etwas kleineren Portion und schönes Stillstehen im Wasser mit zwei bis drei größeren Portionen. So geraten Sie nicht in die Falle, ein schlechteres Verhalten genauso wertvoll zu machen wie ein schönes Zielverhalten. Behalten Sie stets ein mutiges, beherztes Betreten als wünschenswert im Auge.

Hufbad

Gewässerte Hufe erleichtern Ihrem Hufbearbeiter die Arbeit sehr, weil das Hufhorn weicher wird. Hierfür muss Ihr Pferd natürlich eine gewisse Zeit mit den Hufen im Eimer verweilen. Für den Eimer gilt die gleiche Vorgehensweise wie für das Becken: Zuerst heben Sie den Huf wie zum Auskratzen an, ziehen den leeren Eimer in die richtige Position und stellen den Huf langsam im Eimer ab. Die Lastaufnahme wird geclickt und gefüttert, dann bekommt Ihr Pferd zwei bis drei Clicks für das Stehen im Eimer. Erst wenn das zuverlässig funktioniert und Ihr Pferd den Huf ein paar Sekunden lang ruhig im Eimer stehen lassen kann, fügen Sie schritt- beziehungsweise schluckweise das Wasser hinzu.

Wenn Sie längeres Stehen nicht extra mit dem Clicker trainieren möchten, hilft es, ein gefülltes Heunetz für Ihr im Wasser stehendes Pferd hinzuhängen. Alternativ können Sie auch eine Leckschale anbieten.

Tipp: Wenn Sie sehr warmes Wasser nehmen, können Sie die Dauer halbieren, da das Horn so schneller weich wird.

Einen Huf in einen wassergefüllten Eimer abstellen zu können, ist nicht nur in Krankheitsfällen, sondern auch im Sommer sinnvoll.
Foto: Maike Klein

Trainingsplan „Waschen“

Jetzt geht es an den Rumpf Ihres Pferdes. Am bequemsten und somit Trainingsziel ist das Waschen mit dem Wasserschlauch. Dieser kommt zu Beginn jedoch nicht zum Einsatz.

Benötigte Utensilien: Clicker, Futter, Schwamm, Eimer, Gießkanne, Schlauch
Voraussetzung: Höflichkeit, Stillstehen, Sich-überall-anfassen-Lassen

Gehen Sie an einen Ort, an dem Ihr Pferd sich sicher fühlen kann. Hatten Sie schon das ein oder andere „Wasserdrama“, beginnen Sie das Training unbedingt *nicht* am Waschplatz. Ideal ist es auch, wenn der Bereich sicher umzäunt ist und Sie mit einem frei stehenden Pferd ohne Halfter trainieren können. Ihr Pferd kann Ihnen dann deutlicheres Feedback über sein Wohlbefinden bei der Prozedur mitteilen. Bleibt es entspannt stehen, haben Sie alles richtig gemacht. Bewegt es sich weg, sollten Sie das als Anlass nehmen, Ihre Trainingsschritte zu überdenken und die Anforderung zu senken.

Der Trainingsplan für „Nässe“ beinhaltet eine schrittweise Steigerung des Reizes auf der Haut. Nicht nur in der kalten Jahreszeit sollten Sie mit lauwarmem Wasser trainieren. Beginnen Sie in einem Bereich am Körper, in dem Ihr Pferd Berührungen allgemeiner Natur mag und gut toleriert. Jeder Trainingsschritt wird fünfmal wiederholt. Das Vorgehen ist wie folgt: Ihr Pferd steht ruhig und höflich – Reiz – Click – Futter, ruhiges Stehen – Reiz – Click – Futter, und so weiter. Nur nach einer fehlerfreien Fünferserie geht es weiter zum nächsten Trainingsschritt.

Sollten zwei oder gar drei Fehler hintereinander in Form von Schritten auftauchen, wählen Sie einen passenden Zwischenschritt. Hierbei wird die Reizintensität gewählt zwischen dem, was noch gut funktioniert, und dem, was nicht mehr funktioniert.

1. Berührung an einer harmlosen Stelle, zum Beispiel an der Schulter, mit dem noch trockenen Schwamm.

2. Schwamm anfeuchten, aber nur so, dass beim Zusammendrücken kein Wasser hinauslaufen würde, Wiederholung Schritt 1.

3. Einen nicht zu großen (ideal sind fünf Liter) Eimer mit einem halben Liter Wasser füllen und an den Ellenbogen hängen, feuchten Schwamm an die Schulter drücken.

4. Neben dem Pferd stehend den Schwamm so nass machen, dass beim Andrücken das Fell nass wird, aber kein Wasser am Körper hinunterläuft, und an die Schulter drücken.

Der erste Trainingsschritt findet immer ohne Wasser statt. *Foto: Maike Klein*

5a–5x. Den Eimer halb mit Wasser füllen. Immer mehr Wassermenge (5a–x bedeutet Wassermenge erhöhen je nach Reaktion des Pferdes, für das eine Pferd kann das ein Schnapsglas sein, das die Reaktion verändert, für das andere Pferd ein Wassereimer) an den Pferdekörper bringen, bis hin zum Plätschern, wenn es am Bein hinuntergelaufen ist und auf dem Boden auftrifft.

Können Sie nun intensiv die Schulter und durch das hinunterlaufende Wasser das ganze Vorderbein nass machen, wandern Sie in 30-Zentimeter-Schritten am Rumpf weiter. Achten Sie darauf, dass auch hier fünfmal in Folge das korrekte Verhalten gezeigt und belohnt wird, bevor es weitergeht. Je nach der Reaktion Ihres Pferdes und veränderter Empfindlichkeit an bestimmten Zonen müssen Sie eventuell den Wasserreiz etwas modifizieren und ein paar Clicks für nur den feuchten Schwamm ausgeben, ehe es so richtig klitschnass werden darf. In dieser Etappe ist Trainingsziel, ausgiebig den gesamten Pferdekörper mit dem Schwamm waschen zu können.

Danach kommt die Gießkanne zum Einsatz. Aus praktischen Gründen zum einfacheren Handling ist anfangs ein 5-Liter-Modell zu empfehlen. Sie beginnen wieder im einfachsten Bereich, der inzwischen durch das Training die höchste Masse an Verstärkern hat. Eine Gießkanne sieht anders aus als ein Schwamm oder ein Eimer, deswegen kann es sein, dass die Annäherung dieses fremden Objekts auch schon ein paar Clicks benötigt. Lassen Sie die Kanne für die allerersten Schritte mindestens halb leer. Das reduziert das Risiko von ungeplanten und ungewollt großen Wassermengen, die Ihr Pferd erschrecken könnten. Berühren Sie einfach die Schulter mit dem Ende des Gießkannenhalses, clicken und füttern Sie die Reaktion des Nichtreagierens. Funktioniert das, steigern Sie in Fünferpäckchen die Reizintensität von einem einzigen Schluck Wasser bis hin zu ein paar Litern. Verändern Sie dann wie beim Schwamm die Zonen am Pferdekörper. Durch das häufige Nachfüllen-Müssen der Gießkanne haben Sie den angenehmen Nebeneffekt, dass das Geräusch von laufendem Wasser schon mittrainiert wird.

Lässt sich Ihr Pferd entspannt mit der ganzen Gießkanne waschen, sind Sie bereit für den Wasserschlauch. Machen Sie den Test und ziehen Sie (neben Ihrem stehenden Pferd) einen – mit einem Ende – auf dem Boden liegenden

Das Plätschern aus der Gießkanne reicht für den Anfang vollkommen aus, man sieht es gut an Ronjas Blick. *Foto: Maike Klein*

Führstrick zu sich heran. Reagiert es? Schaut es intensiv nach dem Strick? Wenn es ruhig bleibt, clicken und füttern Sie. Wenn nicht, wiederholen Sie das Über-den-Boden-Ziehen in zwei Metern Entfernung. Wie so oft ist Distanz der ehemals aversiven Reize einer der Schlüssel zum Erfolg. Beginnen Sie stets dort, wo Ihr Pferd die Frage „Kannst du stillstehen, wenn ...?" mit einem eindeutigen „Ja!" beantworten kann. Mit dieser Vorgehensweise helfen Sie Ihrem Pferd, sich wirklich sicher zu fühlen, und belegen den Reiz positiv, um ihn dann kleinschrittig zu steigern. Wenn Sie rund um Ihr Pferd herumwandern können und es trotz des schleifenden Stricks stehen bleibt, berühren Sie es mit dem Karabinerhaken in der altbewährten Zone und bestärken Sie das Stillhalten.

Erst jetzt kommt der Schlauch zum Einsatz. Je nachdem, wie weit der Wasserhahn entfernt ist, brauchen Sie ab hier einen Helfer, der den Hahn bedient, oder Sie montieren einen Hahn am Ende des Schlauchs. So ist es dann möglich, die Wassermenge genau zu dosieren und Ihr Pferd mit den richtigen Trainingsschritten abzuholen. Nach der Berührung lassen Sie im nächsten Trainingsschritt nur ein winziges Schlückchen aus dem Schlauch laufen. Danach steigern Sie die Wassermenge immer im Komfortbereich Ihres Pferdes. Das Wasser sollte immer einfach nur hinauslaufen und noch keinen scharfen Strahl haben. Die Intensität steigern Sie nach dem Abarbeiten des gesamten Pferdekörpers. Dann kann wieder ein Jahrhundertsommer kommen und Ihr Pferd und Sie können das kühle Nass so richtig genießen.

Einsprühen mit der Flasche

Auf den Pferdekörper wird meist nicht reines Wasser gesprüht, das nasse Element am Pferdekörper kann Fliegen-, Mähnen- oder Wundspray sein. Also kommen dabei noch weitere Faktoren hinzu, wie zum Beispiel Gerüche. Warum

Nicht nur Wasser, sondern auch Insektensprays aus der Sprühflasche können zur echten Herausforderung für das Fluchttier Pferd werden. *Foto: Maike Klein*

manche Gerüche als aversiv von Ihrem Pferd wahrgenommen werden, darüber kann man nur spekulieren. Es kann gut sein, dass die Verknüpfung mit dem Gruselgeräusch und dem Erschrecken beim Auftreffen entstanden ist und den Geruch sozusagen „vergiftet" hat. Manches riecht aber per se für die eine oder andere Pferdenase ekelig und es sucht verständlicherweise sein Heil in der Flucht.

Das Geräusch beim Sprühen ertönt noch unerwarteter als bei einem Wasserschlauch und ist auch deutlich schärfer. Früher gab es nur Blauspraydosen, die man vorher kräftig schütteln musste. Da ist die erste Ankündigung von etwas Unangenehmem das Klackergeräusch. Ich habe einmal mit einer Stute trainiert, die nur beim Schütteln der Dose in fünf Metern Entfernung zügig den Rückwärtsgang eingelegt hat.

Ebenso erschreckend wie das „PFFFFT!" kann das plötzliche Auftreffen der Flüssigkeit auf der Haut sein. Selbst wenn kein scharfer Strahl herauskommt, könnte Ihr Pferd meinen, dass ein Schwarm Pferdebremsen auf ihm landet. Machen Sie sich immer wieder klar, dass wir nie genau wissen können, was im Kopf des jeweiligen Pferdes vorgeht.

Wieder einmal machen wir uns Distanz zunutze. Jedes noch so ängstliche Pferd hat einen Komfortbereich, in dem Sie so viel herumsprühen können, wie Sie wollen, ohne dass eine Abwehrreaktion stattfindet. Üben Sie bei sehr sensiblen Kandidaten mit einem Helfer, der füttert, damit Sie die ersten Trainingsschritte in ausreichend großem Abstand durchführen können. Auch sollten Sie anfangs immer vom Pferd wegsprühen, damit wirklich nur das Geräusch trainiert wird. Haben Sie sich an Ihr Pferd herangearbeitet und stehen an seiner Schulter, verändern Sie den Sprühwinkel und clicken und füttern Sie jedes „Pffft". Sind Sie so weit herumgekommen, dass die ersten Tropfen auf das Fell auftreffen würden, halten Sie die Flasche in die entsprechende Richtung. Anstatt zu sprühen, machen Sie das „Pffft" mit dem Mund und berühren dann mit dem Sprühkopf den Pferdekörper, clicken und füttern das Stillhalten. Als Nächstes sprühen Sie ganz langsam so an die Schulter, dass man eigentlich nicht von Sprühen sprechen kann, weil der Sprühkopf direkt auf der Haut ist. Von hier aus steigern Sie die Distanz des Sprühkopfes und wandern – wie beim Waschen – die verschiedenen Zonen ab.

Ich hatte mangels besseren Wissens bei meiner alten Stute jahrelang einfach einen Schwamm genommen, um Bremsenmittel aufzutragen. Ich kann Ihnen versichern, dass sich Sprühtraining auszahlt. Nicht nur, weil man keinen klebrigen, stinkenden Schwamm in den Händen hat. Die schönste Belohnung für Lösungstraining ist ein Pferd, das wirklich vertraut und gern kooperiert.

Nina Steigerwald ist Pferdephysiotherapeutin und hat sich dem Training mit positiver Verstärkung verschrieben. Sie besucht regelmäßig Fortbildungen bei Viviane Theby und Tiertrainern wie Bob Bailey, Ken Ramirez und ist Mitautorin von Büchern und DVDs über Clickertraining. Seit 2014 unterrichtet sie Tiertrainer aus allen Sparten mit dem Konzept der Chicken-Camps in operanter Konditionierung. Auf Hof Steigerwald findet die Ausbildung zum Trainingsspezialisten Pferd und seit 2019 die Ausbildung zum Steigerwald.T-Medical Trainer statt. Mit ihrem Mann entwickelt und optimiert sie qualitativ hochwertige Pferdewippen.
www.steigerwald-t.de

Foto: Christiane Slawik

KOLUMNE

DIE RITUALE DER PFERDE

Einkreisen

von Gertrud Pysall

Auch heute bewegen wir uns wieder in der Welt der Pferdesprache. Da Tiere in ihrer Kommunikation mit eingeschränktem Wortschatz auskommen müssen, nutzen sie unter anderem Bewegungen, Abstände und Wegeführungen, um sich dem anderen mitzuteilen. Dazu gehört auch das Einkreisen. Manche Haie zum Beispiel kreisen ihre Beute ein, ehe sie zuschlagen, Hunde umkreisen sich im Kampf und so weiter.

Regel: Wer den anderen einkreisen kann, hat den höheren Rang und trägt die Verantwortung.

Ritual: Ein Pferd läuft einen geschlossenen Kreis um ein anderes Pferd.

Als Erweiterung des Rituals kann ein Pferd auch eine Gruppe von Pferden einkreisen. In freien Herden nutzt der Leithengst dieses Ritual gern. (Bei frei lebenden Wölfen steht diese Aufgabe dem Leitwolf zu, der zusätzlich seine Duftmarken auf die Linie setzt.)

Einkreisen ist in der Tierwelt eine ernst zu nehmende Aussage. Der Eingekreiste ordnet sich, wenn er das duldet, dem Einkreisenden unter. Er steht dadurch auch unter dessen Schutz, kann weiden, schlafen, ruhen und sich darauf verlassen, dass der andere aufpasst.

Das eingekreiste Pferd akzeptiert seine Unterlegenheit dem anderen gegenüber, indem es den Vorgang duldet. Denkt es aber anders und möchte dieses Ritual für sich entscheiden, lässt es das Einkreisen nicht zu. Dazu hat es zwei Möglichkeiten. Es kann sich räumlich entziehen, indem es sich woandershin begibt. Meistens aber demonstriert es seinen Widerspruch, indem es sich mitdreht, wenn der „Rivale“ das Ritual beginnt. Dadurch gilt der Kreis als nicht geschlossen. Das Einkreisen „zählt nicht“.

Es reicht also nicht, einen Kreis um das stehende Pferd gezogen zu haben, sondern man muss auch hinter dem Pferd vorbeigelaufen sein. Das ist aber nicht möglich, wenn das Pferd sich in einer Art Hinterhandwendung immer mitdreht und im Blickkontakt mit dem Einkreisenden bleibt. Damit verhindert es den Sieg des Einkreisenden und zeigt seine Gesinnung den Rang betreffend.

Für uns Menschen ist es eine Art Bestandsaufnahme. Lässt Ihr Pferd sich nicht von Ihnen einkreisen, sondern dreht sich mit, dann wissen Sie, was es denkt. Es glaubt, im Rang über Ihnen zu stehen, und zeigt das auf sehr friedliche Weise, wodurch niemand verletzt wird oder in Gefahr gerät. Es wäre falsch, das Pferd zu zwingen, still zu stehen, oder es dahingehend zu erziehen. Denken Sie daran, das Pferd spricht mit Ihnen, es teilt Ihnen freundlich seine Einstellung mit. Zwingt man es zum Stillstehen, kommt das einem Maulkorb gleich. Sinngemäß sagen Sie dann: „Halt's Maul, ich will nicht wissen, was du denkst!“

Also liegt die Lösung nicht im Verbot oder Befehl, sondern in der Veränderung der Einstellung Ihres Pferdes. Die können Sie erreichen, indem Sie Ihre Souveränität und Kompetenz in einem anderen Ritual beweisen.

Man endet also mit dem Versuch des Einkreisens und geht aus der Situation heraus, um ein neues, anderes Ritual zu eröffnen. Clever ist jetzt, eines zu wählen, bei dem man sicher Sieger bleibt, um damit sein Pferd zu beeindrucken und umzustimmen.

Ihr Pferd hat sich nicht einkreisen lassen, auch um Sie herauszufordern, Ihre Stärken darzustellen. Sie können Ihrem Pferd keine größere Freude machen, als kompetent, freundlich und gerecht der Stärkere von beiden zu sein. Dann weiß es sich gut bei Ihnen aufgehoben, kann entspannen und in Folge stressfrei gehorchen. Und das ist es doch, was wir uns im Miteinander wünschen.

FREIES REDEN, FREIE GESTEN

Es bleibt noch die Frage: Was ist dann mit Longieren? Da soll das Pferd den Menschen ja umkreisen.

Oft werde ich gefragt: „Ist es nicht gefährlich, mit Pferden in ihrer Sprache zu reden? Das Pferd muss doch erzogen sein, darf nicht treten und steigen, und plötzlich soll all das erlaubt sein?“ Wir unterscheiden dabei zwei Fälle:

Treffe ich mich mit meinem Pferd im Motivaviereck, um mit ihm in seiner Sprache zu sprechen, darf es alles sagen, also alle Gesten anwenden, die es im Repertoire hat. Deswegen ziehe ich ihm grundsätzlich das Halfter aus, es ist ein freies Tier und darf reden. Ich kenne die Regeln und kann mitreden.

Hat es aber Halfter, Zaumzeug, Sattel aufgeschnallt, dann ist nicht der Zeitpunkt, sich aneinander zu messen. Der Rang sollte dann geklärt sein. Natürlich haben unsere 50 Pferde alle eine Erziehung und Ausbildung und können dank der konsequenten Verhaltenslinie sehr gut unterscheiden, wann es Zeit ist für die Rituale und wann sie im Sinne der Ausbildung handeln und gehorsame Schulpferde sind. Deswegen ist auch Longieren kein Problem. Das Pferd hat irgendein Trainingsequipment an sich, und das reicht, damit es unterscheiden kann zwischen Rang-Ausfechten und Training. Dennoch machen wir es so, dass wir beim Longieren gern schräg hinter der Kruppe mitgehen, statt nur in der Mitte zu stehen. Außerdem haben Sie gelernt, wenn der im Kreis Stehende sich mitdreht, was der Mensch ja tut, gilt er nicht als eingekreist im Sinne des Rituals.

Probieren Sie es einmal aus. Umkreisen Sie Ihr frei stehendes Pferd. Und falls es seine Kruppe ständig wegdreht oder mit der Vorhand mitdreht, dann lassen Sie sich ein Lächeln ins Gesicht zaubern, denn Sie wissen nun: Es redet gerade mit Ihnen und ermuntert Sie, Ihre Stärken zu zeigen, indem Sie ein anderes Ritual starten.

Gertrud Pysall lebt seit mehr als 25 Jahren mit Pferden und widmete sich der Erforschung der Pferdesprache. In Spenge (NRW) begann sie mit Seminaren für interessierte Pferdemenschen und sie schrieb die Pferdebücher „Was Pferde wollen“ und „Das Geheimnis der Pferdesprache“. Sie hält mit ihrer Tochter Franziska Workshops und Vorträge über ihr Ausbildungssystem „Motiva“. **www.motiva-pysall.de**

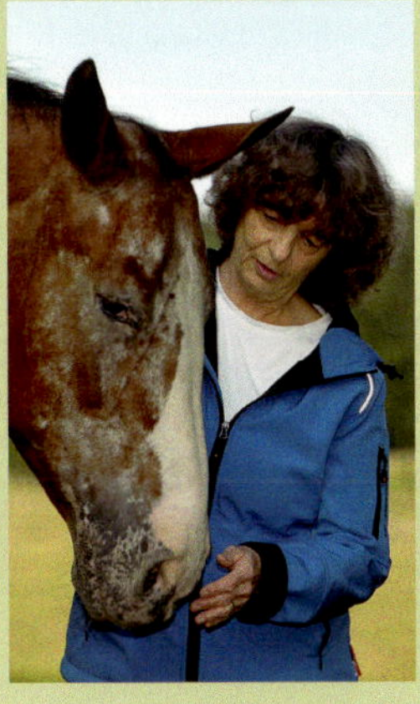

Der Mensch beginnt das Pferd einzukreisen, er bewegt sich auf der grünen Linie.

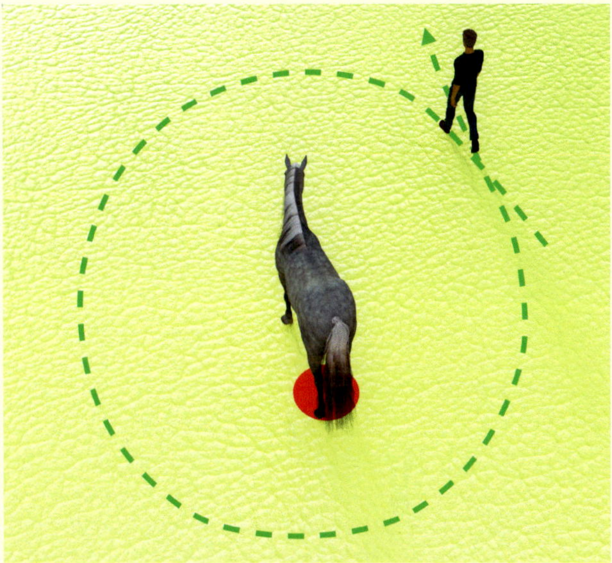

Der Mensch hat eingekreist. Die grüne Laufline bildet einen geschlossenen Kreis um das Pferd, das still stehen geblieben ist.

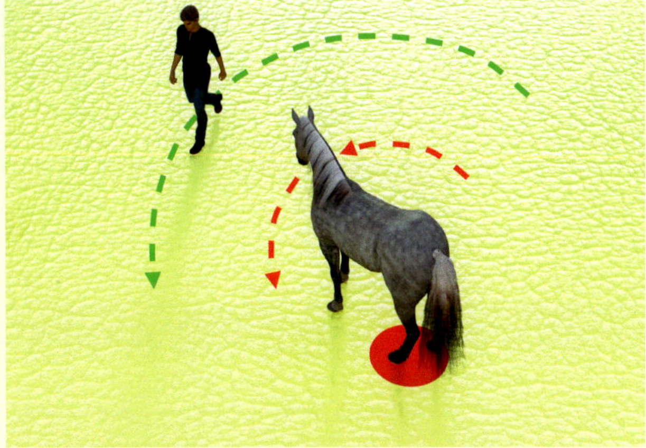

Das Pferd dreht sich mit. In Richtung der roten Linie macht es eine Hinterhandwendung und verhindert so, dass der Mensch hinter seiner Kruppe vorbeigehen kann. Einkreisen gelingt nicht.
Grafiken: Isabell Schmitt-Egner

Draußen in der Natur

Foto: Hans J. Schmidtke

Kommentar

Was kann es Schöneres geben, als mit seinem geliebten Vierbeiner über die Wiese und durch den Wald zu streifen? Das erinnert mich oft an die Zeit, als ich endlich nach den ersten Reitstunden in der Halle ins Gelände durfte. Ich konnte es kaum erwarten, mein (Schul-)Pferd auf die erste Galoppstrecke zu bringen und loszudüsen. Aber da war noch etwas, das mich stark beeindruckt hat. Bevor es auf die Galoppstrecke ging, ritten wir durch einen Waldweg mit alten Bäumen, den wir – eine kleine Gruppe Reitmädchen – meistens im Schritt gingen. Im Sommer war es schön kühl unter dem Blätterdach der hohen Bäume. Es ging eine ganz eigene Energie von diesem Wäldchen aus. Heute weiß ich, dass die Bäume und die angenehme Luft, der Duft des Waldbodens und die Stille uns – oft auch schulfrustrierten – Mädchen eine innere Ruhe verschafften.

Gesund und geerdet

Gerade in Krisenzeiten gehen Menschen gern in die Natur. Zum einen, weil man dort gesunde Luft einatmen kann, die jede Zelle des Körpers mit Sauerstoff anreichert. Zum anderen, weil man sich frei fühlt und die Verbundenheit mit Mutter Erde uns Sicherheit und Ruhe gibt. Wenn man das Privileg hat, mit seinem Pferd gemeinsam unterwegs zu sein, kann man diese erdende Energie auf doppelte Weise genießen. Da ist das Pferd. Kaum ein – uns Menschen nahestehendes – Geschöpf ist geerdeter als das Pferd. Natürlich kommt es hier auch auf den Charakter des Pferdes an, aber selbst das aufbrausendste Pferd trägt eine gewisse Erdung in sich, die sich auf uns Menschen überträgt. Die alte Sehnsucht des Menschen nach Harmonie wird tief in uns befriedigt, wenn wir uns im Wald oder auf einer Wiese aufhalten. Die Pferde sind uns da sehr ähnlich. Würde man ein Pferd fragen, was es sich am sehnlichsten wünscht, wenn es mit seinem Menschen zusammen ist, wäre die Antwort wohl: Ruhe, Frieden, Respekt und Führung. In der Natur bei einem Ausritt oder auch Spaziergang sind es genau diese Eigenschaften, die wir mit dem Pferd in entspannter Atmosphäre ausleben können. Stellen Sie sich vor, Sie reiten durch den Wald – was hören Sie? Fast nichts, nur Vogelgezwitscher (das beruhigend wirkt), leise knackendes Holz oder raschelnde Blätter unter den Hufen des Pferdes, also Stille. Mit Respekt und Führung sieht es da schon etwas anders aus. Respekt ist für Menschen, die die Natur lieben, fast gleichzusetzen mit Demut der Natur gegenüber. Pferde verstehen unter dem Begriff Respekt eher Höflichkeit ihnen gegenüber. Auch in einer Herde oder Gruppe haben Pferde voreinander Respekt, sind höflich zueinander. Nun kommen wir zum wichtigsten Punkt – Führung. Gerade beim Ausritt ist es essenziell, dass der Mensch die Führung übernimmt. Wer bestimmt, dass ausgeritten wird und welche Wege genommen werden? Der Mensch. Das Pferd sollte immer darauf vertrauen können, dass sein Mensch die Verantwortung übernehmen und die Sicherheit im Gelände gewährleisten kann. Fühlt das Pferd Unsicherheit bei seinem Reiter, wird es selbst die Verantwortung übernehmen, und das kann gefährlich enden. Deshalb gilt, nur ab ins Gelände, wenn man sicher ist, dass man sein Pferd – ob vom Sattel aus oder an der Hand – führen kann und ihm die Sicherheit eines Leittiers geben kann. Sonst wird ein kleines Tier, das durchs Unterholz läuft, schnell zum fiktiven Angreifer für das Pferd und der Flight-Modus wird eingeschaltet. Ein außer Rand und Band geratenes Pferd wird zur Gefahr für sich und andere. Noch schlimmer wäre eine Kettenreaktion, wenn eine ganze Gruppe Pferde durchgeht. Denn irgendwann flüchtet das durchgehende Pferd auf eine nahe liegende Straße, und was dann im Straßenverkehr passieren kann, möchte man sich nicht ausdenken. Solange man seinem Pferd Klarheit und Sicherheit geben kann, wird es folgen, und jede noch so stark raschelnde Plane auf einer Strohpyramide auf einem Feld ist uninteressant, weil es sich auf seinen Menschen verlassen kann.

Regeln bestimmen auch einen Ausritt

So schön die Vorstellung von einem gemütlichen Ausritt ist (jetzt im Frühsommer, wenn die Temperaturen erträglich und die Insekten noch nicht lästig sind) – leider gibt es auch hier Regeln. Gerade wenn man mit seinem Pferd unterwegs ist, sollte man auf die jeweiligen Ge- und Verbote der Gemeinde, der Stadt oder des Landkreises achten und Rücksicht auf die Vorgaben und Rechte der Pächter nehmen. Ich muss wohl kaum erwähnen, dass Wald und Wiese nicht beschädigt werden sollten. Manche Grundbesitzer sehen es auch nicht gern, wenn die Pferde ihre Wiesen und Feldränder volläppeln. Wenn man das weiß, kann man sich danach richten. Im schlimmsten Fall kann der Besitzer sogar die Beseitigung der Pferdeäppel anordnen und dem Reiter die Rechnung dafür präsentieren. Gegenargument hierfür wäre, dass Pferdemist ökologisch ist und der Bauer oder Grundbesitzer sich die Düngekosten spart, aber ob derjenige das genauso sieht, kann bezweifelt werden. Besser ein gutes Übereinkommen mit dem Grundbesitzer als Streit mit ihm. Er wird sicherlich nicht aus der Haut fahren, wenn man ihm sagt, dass man die Pferdeäppel selbstverständlich beseitigen wird. Meistens drücken die Besitzer oder Pächter dann die Augen zu und gehen darüber hinweg. Wenn man aber bedenkenlos sein Pferd überallhin äppeln lässt und dann noch frech mit „Pferdeäppel sind ökologischer Dünger“ kommt, wen würde es wundern, wenn der Nachbar sauer ist.

Der Mensch hält sich wieder mehr draußen auf. Auch dieser Trend ist für die Pferde zu begrüßen. Denn Runde um Runde in einer Halle seine Lektionen, Volten oder Diagonalen zu ziehen, sollte gerade bei unseren Vierbeinern eher die Ausnahme als die Regel sein. Das Pferd gehört in die Natur, weil es Teil der Natur ist – so wie der Mensch. Genießen wir, Teil von etwas Einzigartigem zu sein – solange wir können und Spaß daran haben. Die Verbundenheit zur Natur und unserem Pferd wird wachsen und unser Pferd wird es uns danken!

Eure Martina Kiss

Entspannt ausreiten

Step by Step zum stressfreien Naturerlebnis

von Lisa Kittler

Stundenlang gemeinsam mit dem Pferd entspannt durch die Natur streifen, über weite Felder galoppieren, schattige Waldwege entlangtraben oder Hügel hoch und runter klettern. Einfach die Seele baumeln lassen nach einem anstrengenden Tag – das ist wohl der meistgehegte Traum und das am häufigsten angestrebte Ziel der Freizeitreiter.

In der Realität bleibt der stressfreie Ausritt aber meist Wunschdenken. Die Evolution hat das Pferd nicht zum geborenen Abenteurer werden lassen. Im Gegenteil: Sein Überleben hing über Jahrmillionen hinweg von seiner Fluchtbereitschaft vor potenziellen Gefahren ab. Diese naturgegebenen Instinkte bestimmen auch heute noch maßgeblich das Verhalten. So findet es das Pferd als Fluchttier häufig nicht sehr sinnvoll, sich einem laut knatternden Traktor oder herumflitzenden Tieren im Unterholz auszusetzen. Es flüchtet in diesen Situationen deswegen lieber schnell zurück in den heimischen und als sicher empfundenen Stall. Manchmal mit, aber auch mal ohne den Reiter obendrauf.

Außerdem ist es für das Herdentier Pferd eine sehr große Überwindung, sich aus seinem bekannten sowie sicheren sozialen Gefüge wegzubegeben und allein mit dem Menschen in eine eher unbekanntere Umgebung auszureiten. Überleben hieß über die gesamte bisherige Evolution hinweg, in einem größeren sozialen Gefüge sehr eng zusammenzuleben und zu agieren. Vor diesem Hintergrund ist es nicht verwunderlich, wenn das Pferd auch heute noch herzzerreißend nach seinen vierbeinigen Artgenossen wiehert und vielstimmige Antworten bekommt, wenn es die Herde für einen Ausritt verlassen muss. Natürlich visiert es deswegen auch jeden Weg, der wieder zurückführen würde, an. Schlägt der Reiter aber den anderen Abzweig ein, schnellt der Stresspegel beim vierbeinigen Partner hoch und es kann vorkommen, dass sich an dieser Kreuzung die Wege von Mensch und Pferd trennen. Unfälle sind dabei leider gar nicht so selten.

Foto: Lisa Kittler

Schon beim Verlassen des Hofgeländes kann es zu Unstimmigkeiten kommen: Das Pferd möchte lieber bei seiner Herde und in dem bekannten Umfeld bleiben, der Reiter aber die Natur entdecken. *Foto: Lisa Kittler*

Ausreiten als Trainingsinhalt

Nun muss es nicht immer gleich zum schlimmsten Szenario kommen, bei dem Pferd und Reiter getrennt voneinander den Stall erreichen. Schon allein ein eiliger, zackeliger Schritt oder das ständige unruhige Umschauen des Pferdes verraten, dass der Vierbeiner Stress beim Ausreiten hat. Dadurch empfindet auch der Reiter häufig den Ausflug als unbefriedigend.

Es lohnt sich deswegen, das Ausreiten, wie zum Beispiel auch das Springen, als eigenständigen Trainingsinhalt von Anfang an sorgfältig vorzubereiten und regelmäßig zu üben. Scheuen Sie sich nicht davor, gegebenenfalls einen Trainer hinzuzuziehen. Wie Sie die einzelnen Etappen gestalten und welche Zwischenziele Sie sich stecken, hängt ganz individuell von Ihnen und Ihrem Pferd ab.

Lassen Sie sich bei Ihrem Ausreittraining nicht von außenstehenden Personen unter Druck setzen, die vielleicht meinen, dass das Pferd oder Sie sich „nicht so haben sollen". Ihre wohlmeinenden Ratschläge von „Lass das Pferd so lange rennen, bis es nicht mehr kann, dann wird es schon ruhig" bis hin zu unterschiedlichen Vorschlägen zur „Aufrüstung" (schärfere Gebisse, Ausbindezügel und so weiter) können Sie getrost in den Wind schlagen. So werden Sie nicht mit Ihrem Pferd *zusammen* entspannt ausreiten, sondern allenfalls beim mehr oder weniger kontrollierten Ritt obendrauf sitzen bleiben.

Vertrauen schafft Sicherheit

Das Ausreittraining beginnt schon viel eher als beim Verlassen des Hofes auf dem Pferderücken. Es beschäftigt sich anfangs vor allem mit der psychischen Entwicklung von

Mensch und Pferd. Denken Sie noch einmal daran, dass Ihr Pferd ein Herdentier ist und sich bei seinesgleichen am wohlsten fühlt. Natürlich können Sie ihm keine Herde ersetzen, aber zumindest ein zuverlässiger Partner werden, der dann im Gelände die nötige Sicherheit bietet.

Um diese Qualitäten an sich selbst zu entwickeln, eignet sich das Führtraining auf dem Platz sehr gut. Denn für Ihr Pferd werden Sie zu einem Sicherheitsanker, wenn Sie wissen, was Sie tun und wie Sie es tun – egal in welcher Situation. In vertrauter Umgebung am Hof schulen Sie deswegen erst einmal die Grundkommunikation mit Ihrem Pferd und lernen, es besser einzuschätzen. Dadurch schaffen Sie eine wichtige Basis für den tagtäglichen Umgang, aber vor allem auch für den im Gelände.

Zum Einmaleins des Führtrainings gehören vor allem das Angehen im Schritt, das Anhalten, das Rückwärtsrichten und das Positionieren der Vor- und Hinterhand sowie das Warten. Bitte überlegen Sie sich eine einheitliche und verständliche Hilfengebung für die einzelnen Übungen, die Sie in jeder Situation gleich verwenden. Macht Ihr Pferd später wegen eines Rehs einen Satz nach vorn, wird es beispielsweise die schon bekannte Gertenhilfe vor der Brust trotz der Stresssituation annehmen und stehen bleiben.

Bereiten Sie Ihr Pferd ebenfalls schon im Viereck mit dem Antischrecktraining auf mögliche Gefahren im Gelände vor. Das Überwinden einer Holzbohle nimmt bei der Brücke über den Bach vielleicht die Angst vor dem anderen Untergrund. Die Planenarbeit macht das Pferd möglicherweise bekannt mit umherfliegenden Mülltüten. Je mehr Reize Sie Ihrem Pferd anbieten, umso mehr lernt es, dass es sich Neuem und Unbekanntem mit Neugier nähern kann und keine Fluchtreaktionen zeigen muss.

Promptes Anhalten und geduldiges Warten zu jedem Zeitpunkt und an jedem Ort sind die wichtigsten Übungen überhaupt. *Foto: Lisa Kittler*

Vorsichtig gezeigt und langsam angenähert verlieren auch Planen für die meisten Pferde ihren Schrecken. *Foto: Lisa Kittler*

Bitte achten Sie dabei auf den jeweiligen Stresslevel Ihres Pferdes. Es sollte nicht mit Reizen „erschlagen" werden und nur deswegen noch ruhig dastehen, sondern sich aktiv mit der Situation auseinandersetzen.

Immer im Wohlfühlbereich

Haben Sie mit Ihrem Pferd auf dem Platz eine solide Grundkommunikation aufgebaut, können Sie die ersten Ausflüge ins Gelände beginnen. Auch jetzt sitzen Sie noch nicht auf dem Rücken, sondern gehen mit ihm spazieren. So knüpfen Sie an das schon bekannte Training nahtlos an. Außerdem kann Ihr Pferd Sie jederzeit sehen sowie Ihre Körpersprache gut wahrnehmen und umgekehrt.

Bei allen folgenden Trainingsschritten gilt: Bleiben Sie immer in Ihrem Wohlfühlbereich und in dem Ihres Pferdes! Dieser kann von Individuum zu Individuum sehr unterschiedlich sein. Ein Tier, das noch nie schlechte Erfahrungen im Gelände gemacht hat, wird bei einem sicheren Besitzer schon nach den ersten Ausflügen recht entspannt größere Runden gehen können. Andere Pferde, die zum Beispiel sehr stark an der Herde „kleben" oder schon Unfälle im Gelände hatten, werden lange brauchen, um nur die kleine Runde in Ruhe gehen zu können. Der Wohlfühlbereich des Pferdes kann ebenso je nach Tagesform schwanken. Planen Sie an einem eher aufregenden Tag lieber einen kleineren Ausflug ein, anstatt die Autobahnunterführung neu kennenzulernen.

Menschen, die noch nie problematische Erlebnisse im Gelände hatten, werden selbst einem eher ängstlichen Tier Sicherheit geben können. Aber wenn Sie schon einmal auf einem nicht zu kontrollierenden Pferd auf die Straße zugerast sind oder auf einem ständig angespannten Pferd sitzen, was immer mal wieder ganz plötzliche Sätze zur Seite macht, kennen Sie sicherlich das mulmige Gefühl im Bauch bei einem erneuten Ausritt. Sie fangen häufig selbst an, nach Gefahren Ausschau zu halten, verspannen dabei unbewusst Ihre gesamte Muskulatur und atmen nur noch flach. Wie soll sich dabei Entspannung einstellen oder dem nervösen Pferd Sicherheit übertragen werden? Häufig tritt das Gegenteil ein und Ihr Vierbeiner wird nur noch angespannter, was wiederum Ihren Stresspegel ansteigen lässt. Sie befinden sich in einem Teufelskreis, den Sie und Ihr Pferd durchbrechen lernen müssen.

Nehmen Sie sich deswegen die Zeit, die Trainingsschritte so klein zu planen, wie Ihr Pferd und Sie selbst es brauchen. Dies kann sicherlich vor allem bei Pferden mit einer „Durchgängervorgeschichte" sehr mühsam sein und unendlich viel Geduld und eigene Schulung über Jahre hinweg erfordern. Übergehen Sie aber Ihren Stress und/oder den Ihres Pferdes, werden Sie ewig weiter an diesem Thema arbeiten müssen. Jede Stimmung, jede Bewegung prägt sich in den Gehirnen ein. Laufen Sie immer wieder mit einem gestressten Pferd im Gelände umher, werden Sie beide ausschließlich diese Emotionen damit verbinden.

Rufen Sie deswegen neue Emotionen bei Ihrem Pferd hervor. Zeigen Sie ihm bei kleinen Runden, dass es im Wald etwas zu entdecken gibt. Lassen Sie es stolzer und selbstsicherer werden, weil es kleine „Gefahren" wie einen quer liegenden Baumstamm überwindet. Nehmen Sie es ernst, gehen Sie nur kurz an die Grenzen seiner psychischen Belastbarkeit und kehren Sie dann wieder in aller Ruhe in den heimatlichen Stall zurück. Speichern Sie selbst ebenso diese positiven Erfahrungen ab, sodass Sie beim nächsten Ausflug voller Vorfreude auf die gemeinsamen Erlebnisse sind und sich sicher sind, die kommenden Situationen mit Ihrem Pferd zu meistern. Jede Minute, die Sie in der Vorbereitung und im Training investieren, zahlt sich am Ende definitiv aus.

Auf dem Pferderücken

Haben Sie bei den gemeinsamen Spaziergängen eine solide Vertrauensbasis geschaffen und merken, dass Sie und Ihr Pferd Freude an den Ausflügen entwickelt haben, können Sie die ersten Meter im Sattel planen. Stellen Sie sicher, dass Ihre Grundkommunikation vom Rücken ebenso auf dem Platz gefestigt wurde wie die vom Boden aus. Verwenden Sie gern die folgenden Grundsätze als Basis für Ihre nun langsam beginnenden Ausritte.

Ein kleiner Hügel lädt förmlich zum frischen Galopp bergauf ein. Vertrauen sich Reiter und Pferd, können beide die schnelle Gangart genießen. *Foto: privat*

Grundsatz 1:
Fühlen Sie oder Ihr Pferd sich unwohl, gehen Sie einfach ***einen Trainingsschritt zurück.*** Seien Sie nicht traurig oder verärgert über diese Rückschritte. Die Entwicklung von Lebewesen verläuft nie geradlinig nach oben, sondern enthält viele Täler und Berge. Solange Ihre Berge immer mehr werden und die Täler vielleicht nicht mehr ganz so tief, verläuft Ihre gemeinsame Entwicklung ***positiv*** und Sie sind ***auf dem richtigen Weg.***

Grundsatz 2:
Ihr Pferd muss jederzeit und überall anzuhalten sein, sodass Sie in Gefahrensituationen absteigen und es beruhigen können. Sie sollten erkennen, wann der Stresspegel Ihres Pferdes ansteigt, um rechtzeitig zu agieren. Wollen Sie Ihren Vierbeiner erst dann anhalten, wenn er schon im Fluchtmodus ist, werden Sie kaum mehr mit ihm kommunizieren können. Bitte versuchen Sie deswegen, solche Situationen zu vermeiden, indem Sie ***kleinschrittig und durchdacht vorgehen.***

Grundsatz 3:
Steigen Sie anfangs immer, wenn Stress aufkommt, wieder ab. Nehmen Sie die gewohnte Position neben dem Pferd ein, wird es sich meist schnell beruhigen und Sie können erneut aufsitzen. Haben Sie keine Bedenken bei dieser Vorgehensweise. Es entstehen keine Dominanzschwierigkeiten oder sonstige Probleme, vielmehr ***geben Sie Ihrem Pferd die benötigte Sicherheit.***

Grundsatz 4:
Wählen Sie erst eine nächsthöhere Gangart im Gelände, wenn Sie in der vorigen durchweg sicher unterwegs sind. Bauen Sie anfangs ebenfalls nur kleine Reprisen im Trab oder Galopp ein und dies an möglichst „sicheren" Stellen. Es ist meist nicht ratsam, an der Straße mit den ersten Galoppreprisen zu beginnen und dann bei einem vorbeifahrenden Lkw einen Hüpfer zur Seite sitzen zu müssen. Haben Sie das Gefühl, dass Sie und Ihr Pferd ***stressfrei*** traben oder galoppieren können, ***erweitern Sie die Strecken*** und fragen Sie es an unterschiedlichen Stellen ab.

Wenn Sie gemeinsam mit Ihrem Pferd bis zu diesem Punkt gekommen sind, werden Sie viel Spaß beim Erkunden der Natur haben. Der Alltagsstress verfliegt häufig schon nach den ersten Metern und die folgenden Minuten oder Stunden werden zu einem durchweg schönen Erlebnis. Sie werden erstaunt sein, wie sehr dies Mensch und Pferd zusammenschweißt und welche neue Vertrauensbasis Sie finden.

Lisa Kittler ist mit Tieren aufgewachsen und reitet seit frühester Kindheit. In der Zeit ihres Lehramtsstudiums kam ihr Pferd „Prinzessin" zu ihr – eine Stute, die für die Reitausbildung zum damaligen Zeitpunkt nicht geeignet war. Lisa Kittler absolvierte ihre Bodenarbeitsausbildungen bei Babette Teschen und Tania Konnerth und verbindet ihr pädagogisches Studium mit dem Wissen über die Pferdeausbildung. 2016 veröffentlichte sie im Crystal-Verlag ihr erstes Buch: „Schöne Pferde durch Training". Sie arbeitet als Longenkurstrainerin, als Trainerin für Mensch und Pferd und als Therapeutin.
www.ganzheitliche-pferdegymnastizierung.de

Schöne Pferde durch Training
Körper und Seele ganzheitlich fördern
112 Seiten, durchgehend farbige Abbildungen, broschiert
ISBN: 978-3-95847-009-5
16,90 €

Foto: Stephanie Stro

Vertrauensvoll im Gelände unterwegs

Gemeinsam über sich hinaus- und zusammenwachsen

von Silja Schießwohl

Immer wieder stößt man auf diese Slogans rund um das Thema Vertrauen zwischen Pferd und Reiter: „Gewinne das Vertrauen deines Pferdes“ oder „Das Vertrauen fördern durch Bodenarbeit“. Auch wenn das Wort an sich im Pferdebereich mittlerweile zu einer Art Buzzword mutiert ist, so ist dennoch sicher: Im Gelände kommt es auf das Vertrauen an, wenn Pferd und Reiter nicht nur eine schöne Zeit zusammen haben wollen, sondern auch sicher zum Stall zurückkehren wollen.

Spezielle Übungen können sicher zum Vertrauensaufbau zwischen Pferd und Reiter beitragen, ebenso wie eine solide Grundausbildung hierfür die allerbesten Voraussetzungen bietet. Dennoch sollte man sich von dem Gedanken verabschieden, dass es Wunderübungen gibt, die das Vertrauen mit Fingerschnippen herstellen. Denn schlussendlich ist Vertrauen ein Gefühl, das sowohl auf Reiter- als auch auf Pferdeseite Zeit zur Entwicklung braucht. Wenn man also bedenkt, dass Vertrauen sich entwickeln darf, wird transparent, dass es weniger um spezielle Übungen geht als vielmehr um das Schaffen von positiven Erfahrungen: gemeinsame Erlebnisse, die

Vertrauenspunkte auf das Beziehungskonto von Reiter und Pferd einzahlen.

Im Gelände reiten ist eine Sache der Übung, Vertrauen das Resultat. Immer wieder kann man Situationen im Gelände beobachten, in denen das Pferd-Reiter-Paar unter Stress gerät und weder Pferd noch Reiter Herr der Lage sind. Doch nicht nur potenzielle Gefahrensituationen sind eine Herausforderung in puncto Vertrauen im Gelände. Für viele Reiter sind Ausritte im Allgemeinen ein Grund für Bauchschmerzen. Gründe hierfür können sein: einerseits Reiter, die von Vornherein aufgrund des Gefahrenpotenzials gar nicht ins Gelände gehen, und andererseits diejenigen, die gar nicht weiter darüber nachdenken (dass Geländeritte ein weiterer Teil der Pferdeausbildung sind) und sich einfach bedenkenlos aufmachen. Es sollte klar sein, dass Ausreiten gelernt sein will, und andererseits, dass es eigentlich mit jedem Pferd möglich ist. Es handelt sich eben um eine Sache, die der Übung bedarf.

Mit der nötigen Übung entsteht Vertrauen. Einerseits Selbstvertrauen und andererseits Vertrauen in den anderen. Das gilt für beide Richtungen zwischen Pferd und Reiter.

Die Art und Weise des Übens kann unterschiedlich aussehen. Zunächst bietet es sich an, Spaziergänge zu unternehmen, erst kleinere Runden und vielleicht zunächst immer genau die gleichen Wege. Diese werden ausgeweitet und variiert. Ein Pferdekumpel kann für unerfahrene Pferde am Anfang ein echter Sicherheitsfaktor sein. Nach und nach können die Sequenzen dann auch geritten werden, zu Beginn vielleicht nur auf dem Hin- oder Heimweg oder auch einzelne Wege zwischendrin, die das (Jung-)Pferd bereits kennt. Schließlich kann irgendwann der Radius erweitert werden. Ich sehe es als die Aufgabe des Reiters, kreativ zu werden und eine Lernumgebung zu schaffen, in der das Pferd erfahren kann, dass Ausreiten ein normaler und weiterer Baustein seines Lebens als Reitpferd ist.

Dazu sollte der Reiter die Signale des Pferdes immer im Blick behalten. Sind deutliche Stresssignale bemerkbar, ist es absolut legitim, vorerst die Anforderungen wieder zu senken, bis das Pferd die nötige Sicherheit und das nötige Vertrauen zurückerlangt hat. Das Gleiche gilt übrigens auch für den Reiter: Wenn sich dieser nicht mehr wohlfühlt, ist er selbst in der Verantwortung, für sich (und somit auch für das Pferd) einen Rahmen zu schaffen, in dem auch er wieder Vertrauen schöpfen kann. Erst dann wird die Anforderung wieder angehoben.

Schauspielerei ist fehl am Platz

Im Kern des Wortes Vertrauen ist verankert, dass es sich um eine subjektive Überzeugung handelt. Wir Menschen vertrauen einem anderen Menschen dann, wenn wir von dessen Handlungen, Einsichten und Aussagen überzeugt sind und eine Glaubwürdigkeit in Worten und Taten erkennen.

Doch was bedeutet das nun für das Pferd? Der Reiter wird für das Pferd vertrauenswürdig, indem er sich kongruent verhält, das heißt, dass sein Verhalten zu seinem Inneren passt. Das zeigt, dass der Reiter nicht perfekt oder unverbesserlich sein muss – auch Unsicherheiten können durchaus ihren Platz haben, ohne dass das Vertrauen sofort darunter leidet. Denn das Wichtigste ist nicht eine unerschütterliche Stärke und Unerschrockenheit des Reiters, sondern Einfühlungsvermögen, Einsicht und Stimmigkeit von Verhalten und Emotion.

Eine einfache Frage verdeutlicht das: Würdest du einem Menschen vertrauen, der behauptet, keine Angst zu haben, und sich augenscheinlich unerschrocken einer Gefahrensituation

Vertrauen entsteht nachhaltig, durch Erfahrungen, durch intelligentes, stimmiges und ehrliches Handeln, das zur Problemlösung beiträgt. *Foto: Stephanie Strobl*

Wenn sich der Reiter am Boden selbst sicherer fühlt und mit Selbstvertrauen in sich, in das Pferd und die Situation auftritt, erlebt das Pferd mehr „Halt“ durch eine Begleitung am Boden. *Foto: Stephanie Strobl*

gegenübergestellt, in dieser aber kläglich versagt und einknickt? Spätestens wenn du mit dieser Person noch mal in eine derartige Lage kommst, würdest du deren Vertrauenswürdigkeit vermutlich anzweifeln.

Doch was wäre, wenn diese Person sich die Gefahrensituation anschaut und erkennt, dass sie dem Gegner zum Beispiel körperlich unterlegen ist, und sich eingesteht, dass es keine gute Idee ist, sich der Situation zu stellen? Stattdessen löst sie die Situation deeskalierend und holt Hilfe. Die Situation geht somit glimpflich aus. Das Beispiel zeigt: „Augen zu und durch“ ist nicht immer vertrauensförderlich.

„Augen zu und durch“ – keine vertrauensförderliche Strategie

Die Stärke des Reiters ist das logische und vorausschauende Denken. Demgegenüber steht die Stärke des Pferdes – Schnelligkeit (in Reaktion und Flucht) und Kraft. Hier ist erkennbar, wie mit Herausforderungen im Gelände umgegangen werden sollte. Während das Pferd bei Unwohlsein zur schnellen Flucht in der Lage ist, wird der Mensch niemals in gleicher Form zur Flucht in der Lage sein und wird das Pferd auch nicht mit körperlicher Kraft an der Flucht hindern können. Noch dazu wäre das wenig vertrauensförderlich, denn aus Sicht des Pferdes ist Flucht ja die beste Lösung.

Was sollte der Reiter tun? Er sollte seine Stärke anwenden! Das Pferd kann Situationen unserer zivilisierten Welt nicht so gut deuten wie wir. Es weiß nicht, dass das Rascheln hinter dem Busch nur ein scheues Reh ist, es könnte aus seiner evolutionsbiologischen Sicht genauso gut ein Raubtier sein. Es ist also unsere Aufgabe als Reiter, vorausschauend zu denken und dieses Denk- und Einschätzungsvermögen dazu zu nutzen, die Situation aktiv zu gestalten.

Eine „Augen zu und durch“-Einstellung lässt kaum aktives Gestalten zu, sondern führt häufig sogar zu einer Situation, in der nicht mal mehr logisches Reagieren möglich ist. Statt zu reagieren, müssen wir lernen, zu gestalten und zu agieren.

Warum Absteigen kein No-Go ist

Die Hauptaufgabe des Reiters, um Vertrauen zu schaffen, ist es also, der „Lernmanager" des Pferdes zu sein. Es liegt im Verantwortungsbereich des Reiters, für Sicherheit zu sorgen, sodass Herausforderungen während des Ausritts (oder der Ausritt als Herausforderung an sich) gemeinsam gemeistert werden können. Dazu gehört beispielsweise auch, dass es absolut in Ordnung und teilweise notwendig sein kann, in brenzligen Situationen abzusteigen.

Stellen wir uns ein Pferd vor, das Angst vor größeren Gefährten hat oder an einem bestimmten Hindernis aus Angst einfach nicht vorbeigehen möchte. Viele Reiter verbinden mit dem Absteigen in derartigen Situationen Schwäche oder sogar Versagen. Doch genau genommen ist das Gegenteil der Fall. Denn aus Sicht des Pferdes ist der Reiter am Boden neben sich ein Faktor, der Sicherheit spendet und Orientierung gibt. Das Pferd wird nicht denken: „Jetzt erst recht! Jetzt, wo der Mensch Schwäche zeigt, werde ich umso unberechenbarer reagieren!" Wenn Pferd und Mensch die Situation dann gemeinsam „von unten" meistern, gehen sie gestärkt aus dieser hervor und das gegenseitige Vertrauen wächst für kommende Herausforderungen. Und irgendwann, mit genügend Übung und schon einem positiven Vertrauenssaldo auf dem Beziehungskonto, klappt es dann auch gelassener vom Sattel aus.

Dennoch gilt: Raus aus der Komfortzone!

Gestaltet der Reiter das Üben des Ausreitens in dieser Form, so können häufig schnelle Fortschritte verzeichnet werden. Doch dafür braucht es eine wichtige Voraussetzung: Pferd und Reiter dürfen nicht in der Komfortzone bleiben. Die Komfortzone ist der Bereich, in dem sich beide sicher fühlen, in der alles bekannt ist und keine Gefahr oder Herausforderung droht. Das klingt entspannt und es ist auch absolut notwendig, im Lernprozess immer wieder in die Komfortzone zurückzukehren, um zu verarbeiten und sich auszuruhen.

Wenn das Pferd beispielsweise den gesamten Ausritt unter Strom steht, kann das ein Hinweis darauf sein, dass die Anforderungen zu hoch sind. Der Reiter sollte aktive „Komfortphasen" einbauen, zum Beispiel durch das Reiten von bereits bekannten Wegen oder indem er immer mal wieder absteigt und neben dem Pferd hergeht.

Das Potenzial liegt in der Lernzone

Das Potenzial zum Vertrauensaufbau liegt allerdings nicht in der Komfortzone, sondern in der daran anschließenden Lernzone (siehe Grafik). In dieser muss sich das Pferd-Reiter-Paar neuen Herausforderungen stellen und Unbekanntem begegnen. Die Lernzone geht mit einer Portion Mut einher. Können Situationen in der Lernzone gemeinsam gemeistert werden, entsteht Vertrauen. Ein Beispiel wäre das bereits genannte Absteigen, durch das die Situation entschärft wird. Dennoch gehen Pferd und Reiter gemeinsam am Hindernis vorbei und können sich anschließend über den Erfolg und den aufgebrachten Mut freuen.

Panik und Angst machen Lernen unmöglich

Die Lernzone kann allerdings auch in die Panikzone umschlagen, und zwar dann, wenn Überforderung und Angst die Oberhand gewinnen. In der Panikzone wird das Pferd meist vom Fluchtgedanken gesteuert und der Reiter ist nicht mehr in der Lage, zu gestalten und einzugreifen. Im schlimmsten Fall kommt es zum Unfall, Sturz oder Durchgehen. Die Panikzone sollte vermieden werden, denn in dieser ist Lernen und das Schaffen von positiven Erfahrungen nicht mehr möglich.

Dieses Modell zeigt: Wer sich mit seinem Pferd immer nur in der Komfortzone aufhält, wird keinen Fortschritt und keinen Vertrauensaufbau verzeichnen können. Und andererseits wird transparent, dass eine andauernde Konfrontation und Überforderung in der Panikzone endet und somit ebenso wenig zum Vertrauensaufbau beiträgt. Die Lernzone allerdings schweißt Pferd und Reiter zusammen, weil sie gemeinsame Erfolge feiern können.

Reflexionsfrage: Denke an deinen letzten Ausritt mit deinem Pferd: Wie viel Anteil hatte welche Zone, bezogen auf den gesamten Ritt?

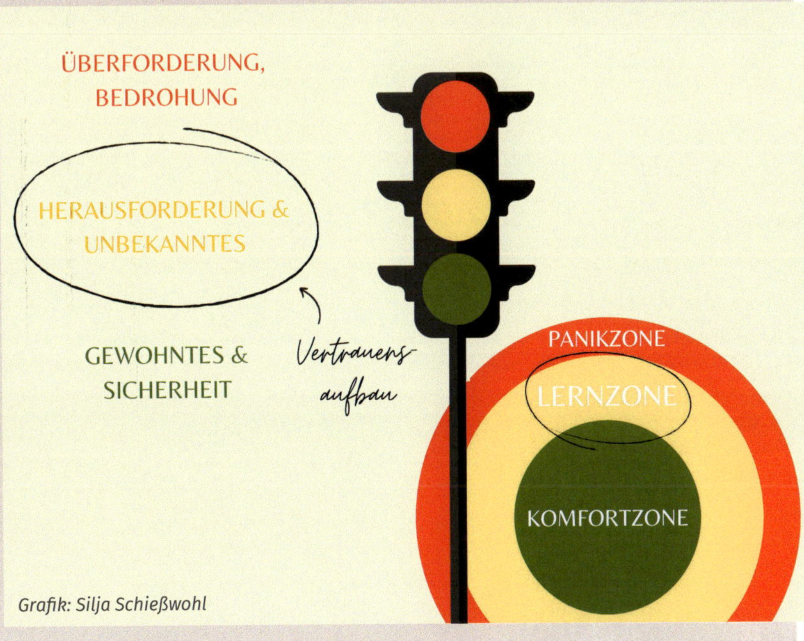

Grafik: Silja Schießwohl

Das Vertrauen sollte gegenseitig sein und nicht nur durch die Kontrolle des Menschen aufrechterhalten werden – auch nicht in der Natur. *Foto: Stephanie Strobl*

Ausreiten wird mit der Zeit immer entspannter ablaufen.

Die Vertrauensampel

Die drei Zonen kann man sich wie eine Ampel vorstellen. Grün bedeutet Entspannung. Im orangen Bereich sollte man wachsam sein und aktiv gestalten, um sich selbst und das Pferd durch die Situation zu navigieren. Den roten Bereich gilt es zu meiden, indem man bereits im orangen Bereich die notwendigen Maßnahmen ergreift. Sollte es zum roten Bereich – wie im Ampelsystem – kommen, steht Sicherheit an alleroberster Stelle. Es geht nicht um „gewinnen", sondern in erster Linie darum, unfallfrei zurück in den orangen Bereich zu kommen. Es geht darum, die Situation zu entschärfen.

In der Panikzone erleben viele Reiter einen regelrechten Kontrollverlust. Dieser ist begleitet von Angst. Machen Pferd und Reiter dann eine wirklich negative Erfahrung, sind das Minuspunkte auf dem gemeinsamen Vertrauenskonto. Der Reiter macht sich steif im Sattel, geht nicht mehr in der Bewegung des Pferdes mit und wird so bei ruckartigen Bewegungen auch schnell aus dem Sattel gehoben. Mentaler und körperlicher Kontrollverlust gehen daher meist Hand in Hand. Dies überträgt sich sofort auf das Pferd. Kommen diese Situationen der Panikzone häufiger vor, können Sitzschulung zur Entwicklung eines reell mitgehenden Sitzes und auch Mentaltraining wichtige Stellhebel für den Reiter sein.

Wenn ihr bereits alle Ereignisse problemlos meistert, zeigt das, dass eure Komfortzone schon relativ groß ist. Denn diese weitet sich natürlich mit Zunahme an positiven Erfahrungen immer weiter aus. Waren vor ein paar Monaten die Kühe auf der Weide nebenan noch ein echtes Drama, sind sie mittlerweile vielleicht schon zur Normalität geworden. Wenn das Vertrauen wächst, wächst auch die Komfortzone und das

Auch Kontrolle schafft kein Vertrauen

Reitern, die bereits negative Erfahrungen gemacht haben, fällt es teilweise schwer, die Kontrolle und Verantwortung wieder ein Stück weit ans Pferd abzugeben. Denn auch die ständige Kontrolle über das Pferd, zum Beispiel in Form von sehr kurzen Zügeln oder einem ständigen Bremsen über den Zügel, weil das Tempo des Pferdes subjektiv als zu schnell eingestuft wird, hindern den Vertrauensaufbau. Wortwörtlich hält der Reiter das Pferd am kurzen Zügel, was dazu führt, dass es immer in Habtachtstellung ist und wenig Selbstwirksamkeit erleben darf. Natürlich heißt das nicht, dass der Reiter dem Pferd die volle Kontrolle geben soll oder muss, zumal das im Gelände gefährlich werden kann. Doch es sollte bedacht werden, dass es nicht nur um das gegenseitige Vertrauen geht, sondern eben auch darum, das Selbstbewusstsein des Pferdes zu stärken, und nicht, es in seinem Angstgefühl zu bestärken. Man sollte dem Pferd einen Vertrauensvorschuss entgegenbringen.

Der Vertrauensvorschuss ans Pferd

Wenn der Reiter möchte, dass das Pferd ihm vertraut, sollte er auf der anderen Seite daran denken, dass Vertrauen eine beidseitige Sache ist. Denn wenn der Reiter dem Pferd nicht vertraut, wie kann dann das Pferd dem Reiter vertrauen? In vielen Fällen ist der Reiter am Zug und sollte zunächst dem Pferd den bereits erwähnten Vertrauensvorschuss gewähren. Der Reiter geht sozusagen in Vorleistung, mit dem Wissen darum, dass vollständiges Kontrollieren-Wollen den Vertrauensaufbau hindert. Vielleicht ist es vergleichbar mit einem Kind: Auch diesem sollten wir Erwachsenen etwas zutrauen, denn nur so kann es selbst auch wachsen und ins Selbstvertrauen kommen.

Praxisimpuls: Eine sinnvolle Hilfe dabei kann der Leitplankengedanke sein. Der Reiter gibt dem Pferd eine „Richtung" vor, einen Spielraum, innerhalb dessen das Pferd auch Mitgestaltungsrecht hat. Wie viel Mitgestaltungsrecht und wie das genau aussieht, ist höchst individuell. Es fängt damit an, dass der Reiter zum Beispiel die Zügel länger lässt und nur eine aktive Hilfe gibt, wenn das Pferd die Leitplanken verlässt, anstatt das Pferd permanent unter Kontrolle zu halten. Denn häufig ist diese Kontrolle gar nicht notwendig, sondern eine bloße Gewohnheitssache. Plötzlich läuft das Pferd viel entspannter, weil ein etwas längerer Zügel vonseiten des Reiters Druck und Spannung rausnimmt.

Sitz und Hilfen als Ansatzpunkt

Der Sitz und die Hilfengebung des Reiters sind also in diesem Zusammenhang nicht zu vernachlässigen. Nur ein in der Bewegung mitgehender und ausbalancierter Sitz kann auch unvorhergesehene Bewegungen begleiten, ohne dass der Reiter dadurch aus dem Gleichgewicht gebracht wird. Der Reiter sollte bereits vor dem Ausritt lernen, im Fluss der Bewegung des Pferdes zu sein. Die Hilfengebung, wie bereits am Beispiel des zu kurzen Zügels verdeutlicht, sollte ebenfalls überprüft werden. Schlussendlich spielen mehrere Aspekte zusammen: der mentale, emotionale und der körperliche Anteil und das daraus resultierende Verhalten des Reiters. Nur wenn der Reiter entspannt und losgelassen auf körperlicher und psychischer Ebene ist, kann es auch das Pferd sein.

Wir sollten uns bewusst machen, dass sich das Pferd uns anvertraut, sobald wir auf seinem Rücken Platz nehmen. Es ist damit bereits in Vorleistung gegangen. Nun sind wir dran: mit einer Portion Vertrauensvorschuss und Aktion statt Reaktion.

Silja Schießwohl ist Centered Riding® Instructor, studierte Erwachsenenpädagogin und Systemischer Coach. Sie stellte fest, dass das Thema „Sitz" vielerorts zu kurz kommt, und hat daher mit dem „Reitersitz-Workshop" einen umfangreichen Onlinekurs geschaffen, der die Verbesserung des eigenen Sitzes zeit- und ortsunabhängig möglich macht. Durch ein innovatives Lernkonzept, unter anderem mit Audiotrainings, bringt sie das Wissen als erinnernde Stimme beim Reiten ins Ohr der Teilnehmer. Auf ihrer Homepage findet man außerdem einen kostenlosen Sitz-Check.
www.siljaschiesswohl-reitkunst.de

MEIN PFERD SAGT NEIN

– ein Wegweiser zur kraftvollen Verbindung

von Sandra Kitzmüller

Foto: Christiane Slawik

Wir bemühen uns, unser Pferd zu verstehen, ihm fair zu begegnen, und dennoch sagt es Nein zu uns? Warum widersetzen sich Pferde, wie erkennen wir den wahren Grund dafür und was ist der erste wichtige Schritt, um das Nein unseres Pferdes neutral zu erforschen? Wie kann man selbstständig mögliche Ursachen dafür herausfinden, zuordnen und das Nein in ein Ja verwandeln?

„Was wäre, wenn das Nein deines Pferdes dir als Wegweiser zu einer kraftvollen Verbindung zu dir selbst und zu deinem Pferd dient?“

(Sandra Kitzmüller)

Immer dann, wenn sich Pferde unserem Handeln nicht anschließen wollen, ist es ein Zeichen für inneren Widerstand. Das Pferd sagt in diesem Moment: „Nein!“ Pferde lernen im Zusammensein mit ihrem Menschen sehr schnell, ob dieser das Nein zulässt oder ob Konsequenzen folgen. Das Handeln des Menschen in solchen Situationen ist maßgeblich dafür entscheidend, auf welchem Fundament die Beziehung von Mensch und Pferd steht.

Kein anderes Tier spürt im gemeinsamen Umgang den Willen des Menschen stärker als ein Pferd. Die häufigsten Gründe dafür, warum der Mensch das Nein des Pferdes nicht duldet, liegt daran, dass es entweder damit verbunden wird, dass sich der Mensch in seiner Autorität untergraben fühlt oder Angst hat, es könnte gefährlich werden. In beiden Fällen wird davon ausgegangen, dass das Pferd, wenn es frei wählen kann, sich immer gegen den Menschen entscheidet.

Wenn diese Gedanken bei so vielen Menschen noch die Realität sind, sollten wir uns dann nicht die Frage stellen: Was machen wir grundlegend aus Sicht des Pferdes falsch, dass es sich gegen uns Menschen stellt? Oder besser noch: Ist diese Realität auch die Wahrheit?

DER WEG IN DIE AUTONOMIE DES PFERDES

Pferde sind eng mit ihren Instinkten verbunden. Diese werden vor allem dann getriggert und zum Vorschein gebracht, wenn die wichtigsten „Güter“ in Gefahr geraten – die Gesundheit und das Überleben. Das Pferd als Individuum entscheidet sich immer für das, was seinem Überleben dient. Die meisten Anforderungen im Umgang mit dem Pferd dienen dem menschlichen Vergnügen oder den Vorstellungen der kollektiven Reiterwelt. Die Pferde erkennen darin selten ihre eigenen natürlichen Strukturen wieder und können dadurch die Sinnhaftigkeit vieler Vorgehensweisen kaum nachvollziehen. Allein diese Tatsache bewegt viele Pferde dazu, sich zu widersetzen.

Viele Menschen sind bereits auf der Suche nach einem Weg für sich und ihr Pferd, der beide auf Augenhöhe verbindet. Die größte Herausforderung dabei zeigt sich fast immer im freien Willen des Pferdes. Sind wir erst einmal offen, allen Zwang

Ein Pferd agiert niemals aus Respektlosigkeit, eher aus Angst oder Vorahnung. Der Drang zur Flucht (Fight-oder-Flight-Modus) ist in gefährlichen Situationen wichtiger als der Respekt dem Menschen gegenüber. *Foto: Christiane Slawik*

und Gehorsam abzulegen, werden wir unweigerlich mit dem Willen des Pferdes konfrontiert. Das erzeugt oft unbekannte, neue Herausforderungen. Fragen tauchen auf wie: Wie gehe ich jetzt mit dem Nein meines Pferdes um? Wie lerne ich das Nein richtig zu interpretieren? Was kann ich stattdessen tun, damit sich mein Pferd mir gern anschließt?

Das Pferd versucht in seiner Art der Kommunikation, die sehr stark mit körperlichem Ausdruck verbunden ist, den Menschen in seinem Tun zu verstehen. *Foto: Christiane Slawik*

WIDERSTAND = UNGEHORSAM ODER RESPEKTLOSIGKEIT?

Das größte Missverständnis im Umgang mit dem Pferd liegt darin, den Widerstand des Pferdes als Ungehorsam oder Respektlosigkeit gegenüber dem Menschen zu interpretieren. Diese Assoziation sitzt bei vielen Menschen sehr tief. Um sich in das Wesen Pferd und dessen Beweggründe hineinfühlen zu können, müssen wir zuerst seine Psyche, seine Denkweise, seine Lebensstrukturen und seine Bedürfnisse verstehen. Dann zeigt sich schnell Mitgefühl mit jenem Pferd, das von seinem Menschen nicht verstanden, in seinen Bedürfnissen nicht gefördert wird oder als Spiegel des Menschen versucht, auf seine Ausstrahlung zu reagieren, und dabei unfair behandelt wird. Damit wir in Situationen, in denen das Pferd Nein sagt, neutral reagieren können, müssen wir zuerst verstehen, wann Pferde sich gegen das Angebotene entscheiden.

Das Nein des Pferdes triggert im Menschen sehr oft das Gefühl von Ablehnung, was uns Menschen annehmen lässt, dass das Pferd gegen uns ist, uns nicht mag oder sich uns nicht anschließen möchte. Das Gefühl der Ablehnung wird wiederum mit weiteren Gefühlen gekoppelt, wie Wut, Zorn, Frust, Traurigkeit oder Angst, die sich – in weiterer Folge – in unserem Handeln widerspiegeln. Dieses Missverständnis ist oft der Entstehungsherd von vielen gewaltvollen Handlungsweisen des Menschen. Die Entkoppelung dieser Gefühle mit der Reaktion des Pferdes bildet den ersten wichtigen Schritt in einen freiheitlichen, autonomen Umgang mit dem Pferd. Zu schaffen ist das nur, indem wir lernen, welche wahren Ursachen es für Widerstand geben kann. Diese Objektivität verhilft uns dazu, Situationen immer gesetzter anzunehmen, zu erforschen und wertfrei neu zu beeinflussen.

Verständnis ist der Schlüssel für Verbindung, und wenn wir diesen Schlüssel besitzen, wird die Frage nach Ungehorsam und Respektlosigkeit nichtig.

PFERDE SUCHEN NATÜRLICHE STRUKTUREN

Es gibt viele Gründe dafür, dass Pferde ihren Widerstand sichtbar machen. Bei jeglichen Problemen oder Schwierigkeiten im Zusammensein mit unserem Pferd, dürfen wir unser gemeinsames Fundament noch einmal neu betrachten. Dieses Fundament stellt sich aus folgenden drei wichtigen Teilbereichen zusammen:

Der erste wichtige Bereich ist die Pferdepsychologie. Hier gilt es, zu verstehen, welche Strukturen einem Pferdeleben zugrunde liegen. Oft widersetzen sich Pferde, weil der Mensch nicht gemäß der Natur des Pferdes handelt. Es erkennt seine natürliche Lebensstruktur nicht wieder und wird dadurch enorm verunsichert. Schlussendlich geht es ja auch immer darum, dass wir dem Pferd unsere Kompetenzen offenlegen; dazu müssen wir aber die Lebensphilosophie der Pferde überhaupt erst verstehen.

Der zweite Bereich bedient sich der natürlichen Körpersprache und des Bewusstseins für Energie in der Bewegung. Achtsamkeit und Präsenz sind elementare Bestandteile in der Sprache der

Pferde. So wie wir uns immer bewegen und die daraus entstehenden Handlungsweisen bilden die natürliche Körpersprache.

In vielen Umgangsformen wird die Körpersprache damit verbunden, irgendwelche vorgegebenen Haltungen und Ausdrucksformen zu übernehmen, dem Pferd zu zeigen oder dem Pferd aufgrund bestimmter körpersprachlicher Signale etwas beizubringen. Pferde erkennen sofort, ob wir etwas künstlich Anerlerntes zum Ausdruck bringen oder ob sich unsere Handlungen authentisch mit unserer ausstrahlenden Energie decken. Viele Nein's im Zusammensein mit dem Pferd entstehen, weil der Mensch nicht genug über seine absolut natürliche Bewegungs- und Körpersprache weiß.

Der dritte Themenbereich bildet die *persönliche Entwicklung* und das Verstehen um die energetischen Verstrickungen mit dem Pferd. Unsere Verbindung zum Pferd basiert, auch wenn wir dies nicht wissen, immer auf einer energetischen Synchronisation. Evolutionsbedingt ist es für Pferde überlebenswichtig, die Energie, den Fokus und die Absicht seines Gegenübers zu lesen, um rechtzeitig reagieren zu können, sollte die Sicherheit dadurch gefährdet werden. In Sekundenschnelle gleicht das Pferd ab, ob das, was wir tun, seiner natürlichen Lebensstruktur gleicht, ob es uns in unserem körperlichen Ausdruck versteht und ob unserem Handeln eine Energie vorausgeht, die dem Pferd dient. Obwohl meistens mehrere Teile dieses Fundaments bei einem Widerstand des Pferdes miteinander in Verbindung stehen, lässt sich trotzdem durch diese Struktur gut erkennen, welchen Bereich wir Menschen uns noch etwas genauer ansehen dürfen. Wie sich das Ganze nun im Pferd zeigen kann, möchte ich gern anhand eines Beispiels aufschlüsseln.

DAS NEIN DES PFERDES IM GELÄNDE

Mit dem Pferd draußen in der Natur unterwegs zu sein, ist wohl mit das Schönste, das wir Pferdemenschen erleben können. Zeitgleich zeigen sich aber außerhalb der gewohnten vier Wände schnell so einige Herausforderungen.

Folgendes Beispiel: Stell dir vor, wir reiten gerade allein draußen im Gelände mit unserem Pferd und haben uns dazu entschieden, einen neuen Weg zu gehen. Einen Weg, den das Pferd bisher noch nicht kennt und den wir auch zu Fuß noch nie gemeinsam gegangen sind. Jetzt kommt es dazu, dass das Pferd stehen bleibt und diesen unbekannten Weg nicht gehen möchte. Warum entscheidet sich das Pferd, jetzt nicht weiterzugehen? Möglicherweise reagiert es auf das Treiben des Reiters hin auch mit starkem Widerstand. Die Ursachen für diese Situation können sehr vielfältig sein. Wichtig dabei ist, die Zusammenhänge aller drei Bereiche des vorher beschriebenen Fundaments zu verstehen.

Eine Ursache dafür könnte sein, dass das Pferd in seinem Mut nicht ausreichend gefördert wurde. Mut entsteht bei Pferden dann, wenn sie ein Vorbild haben, woran sie sich orientieren können. Pferde lernen durch das Verhalten der anderen, und wenn das Pferd etwas für sich Dienliches im Verhalten eines anderen erkennt, fängt es an, dies zu synchronisieren. Wir können das Pferd nur vom Boden aus in seiner Persönlichkeit formen und unterstützen, da es uns vom Boden aus in unseren Bewegungen am besten als Vorbild wahrnehmen kann. Wichtig dabei ist, dass jedes gute Vorbild genau weiß, wann der Punkt gekommen ist, um seinem Schützling den Raum für seine eigenen Erfahrungen zu geben. Ermutigen wir das Pferd, uns gemeinsam auch anzuführen und vorauszugehen, stärken wir

Wenn das Pferd vor unbekannten Wegen stehen bleibt, liegt es an uns, es in seinem Mut zu fördern, indem wir ihm als Vorbild vorausgehen. *Foto: Christiane Slawik*

seine Leittierfähigkeiten, die uns beiden beim Reiten später dienen werden. Diese Ursache ist mit den natürlichen Strukturen der Pferde verbunden und bedarf einer psychologischen und bedürfnisorientierten Auflösung.

IN RESONANZ GEHEN

Um in der realen Wildnis als Wildpferd zu überleben, bildet die Herde eine entscheidende Rolle. Jeder in diesem Gefüge trägt dazu bei, das (Über-) Leben sicherer zu machen. Das ist es, was das Pferd auch von uns draußen im Gelände fordert. Wie? Durch unsere *körperliche* und *geistige Gegenwärtigkeit!* Sekündlich nimmt das Pferd Reize im Außen wahr, sieht etwas Bedrohliches und versucht für sich zu entscheiden, welche Wertigkeit diese Eindrücke haben. Immer dann, wenn es mit diesen Eindrücken überfordert ist, in sich keine Antwort und keine passende Reaktion dafür findet, ist der nächste Schritt, sich am Gefüge zu orientieren – in diesem Fall an seinem Menschen. Ist dieser aber mit seinen Sinnen, seinen Reaktionen und seiner Wahrnehmung nicht im „Jetzt" und bei seinem Pferd und dessen Wahrnehmung, fühlt sich das Pferd allein. Es muss zwangsweise entscheiden und handeln im Sinne seiner eigenen Sicherheit. Dies ist natürlich oftmals nicht so, wie der Mensch entscheiden und handeln würde, und kann zuweilen auch gefährlich werden. Die Ursache, dass das Pferd stehen bleibt, kann daran liegen, dass das Pferd durch die mangelnde körperliche wie geistige Präsenz des Menschen im eigenen Interesse entscheidet. Pferde kommunizieren untereinander in jedem Moment. Indem wir lernen, auch so achtsam und präsent zu werden, stärken wir die Verbindung zum Pferd erheblich, was dem Pferd wiederum Sicherheit vermittelt.

Durch das Bedürfnis nach Verbindung und Beziehung reagieren Pferde sehr stark auf unser gesamtes Wesen. Aufgrund seiner sensitiven Fähigkeit für das Erspüren von Energien wird das Verhalten dadurch grundlegend beeinflusst. Alles, was das Pferd in uns fühlt und in unserem Tun als konstruktiv erkennt, wirkt harmonisierend auf das Pferd. Alles, was das Pferd in uns als destruktiv erfährt, wirkt chaotisch, verunsichernd und bedrohlich. Widerstand im Pferd wird ausgelöst.

ENERGETISCHE VERBINDUNG

Erforschen wir den Bereich der energetischen Verbindung und den Weg der Entwicklung im Spiegel Pferd, zeigen sich ganz andere Botschaften hinter den einzelnen Nein der Pferde.

Somit komme ich nun zum dritten und wesentlichen Baustein, um das Nein besser nachvollziehen zu können. Dadurch ist es uns nämlich möglich, zu verstehen, welche Wirkung menschliche Energien auf Pferde haben. Es kann sein, dass

Das Pferd fordert dieselbe Sicherheit von uns ein, wie es diese in der Herde erhält. *Foto: Christiane Slawik*

unser Pferd innere Blockaden fühlt, die signalisieren: Geh auf keinen Fall weiter, es könnte gefährlich sein! Jeder Mensch hat seine ganz eigene Strategie im Leben, mit neuen und unbekannten Situationen umzugehen. Aufgrund vieler Erfahrungen kann die Entscheidungsbereitschaft des Menschen dadurch enorm beeinflusst werden.Sind wir im Laufe unseres Lebens ermutigt worden, neue, unbekannte Wege zu gehen? Wurden wir gefördert in unseren Visionen und Träumen? Oder wurden wir zurückgehalten aufgrund Ängste anderer? Wurde uns ausgeredet, selbstbewusst unseren Weg zu gehen? Oder wurde uns suggeriert, dass es sicherer ist, immer den leichtesten Weg zu wählen?

Das Nein des Pferdes hat immer ganz bestimmte Beweggründe, die nur durch die Klarheit seines Menschen in ein Ja verwandelt werden können. *Foto: Christiane Slawik*

Haben wir durch unser Umfeld gelernt, gesehen und erfahren, dass neue Wege immer mit Verlusten und Ängsten verbunden sind, und wir allein deshalb lieber im gewohnten Umfeld bleiben? Eine energetische Blockade entsteht, da wir nicht mehr im Fluss aller Möglichkeiten leben. Über Jahre hinweg verfestigt sich diese Energie in unserem Energiefeld. Bis es eine Frage der Zeit ist und das Pferd diese Energie in uns wahrnimmt und darauf reagiert. Chaos im Pferd entsteht, weil diese Haltung nicht der höchsten eigenen Vitalität entspricht. Das Pferd geht in Resonanz mit diesen Energien und verhält sich wie immer folgerichtig, um sich selbst zu schützen. In diesem Fall fühlt das Pferd die Angst und die Unsicherheit, die mit neuen Wegen verbunden ist, und beginnt diese zu meiden. Würde jetzt nämlich die Ursache für das Nein des Pferdes in der energetischen Blockade liegen und der Mensch versuchen, das Pferd in seinem Mut zu bestärken, selbst aber diesen Mut nicht leben, wirkt der Mensch nicht authentisch. Das Pferd durchschaut dies und es würde zu keinem richtigen Erfolg führen. Erst das Auflösen der eigenen inneren Blockade setzt die nötige konstruktive Energie frei, um das Pferd von innen heraus authentisch aufzubauen.

WIE WIRD AUS EINEM NEIN EIN JA?

Haben wir die Ursache erkannt und dem jeweiligen Bereich erst mal zugeordnet, gilt es, herauszufinden, wie wir das Ganze in unserem Sein und Tun verändern können. Man kann alles den drei Kernstrukturen zuteilen: der *Pferdepsychologie*, dem *Energie- und Körperbewusstsein* und dem *persönlichen inneren Wachstum*. Wir verkörpern im Idealfall alle drei Bereiche im Zusammensein mit dem Pferd. Manchmal ist es hilfreich, festzustellen, in welchem Bereich noch etwaiges Wissen oder Erfahrung fehlt, um das Nein eines Pferdes auf ganzheitliche Weise in ein Ja zu verwandeln.

Die eigene emotionale Klarheit ermöglicht es dir, bewertungsfrei das Nein des Pferdes anzunehmen. Erst dann kannst du weiterforschen und den wahren Ursachen auf den Grund gehen. Allein diese Akzeptanz gegenüber dem Pferd und dessen Welt bringt euch beide einander immer näher. Um schlussendlich vom Chaos immer wieder in die wahrhaftige Harmonie zu gelangen.

Sandra Kitzmüllers Vision ist es, Menschen dabei zu helfen, im Zusammensein mit ihren Pferden in ihre ursprüngliche Kraft zu kommen, ihre Träume zu leben und durch das Vorbild der Natur der Pferde ein selbstbestimmtes und eigenmächtiges Leben zu kreieren. Begonnen hat alles mit ihrer ersten Stute Hope. Durch ihren Widerstand wurde Sandra wachgerüttelt. Von da an galten all ihre Weiterbildungen dem wahren Verständnis der Pferdenatur und dem natürlichen Sein, dem Handeln durch Nichthandeln (Wu Wei).
www.holihorse-guidance.com

Gymnastizierung im Gelände

Freude am Training in freier Natur

von Sandra Fencl

Foto: Sandra Fencl

Nicht jeder hat den Luxus einer großen, tollen Reithalle, um sein Pferd effektiv zu trainieren und zu gymnastizieren. Gerade im Gelände kann man wirkungsvoll an der Balance, der Geraderichtung und der Geschmeidigkeit seines Pferdes arbeiten. Sandra Fencl stellt einfache Übungsideen vor, wie das Geländetraining noch abwechslungsreicher wird. Einige der Übungen sind im Sattel gestaltet, die meisten können aber unkompliziert auch im Training am Boden umgesetzt werden.

Wer sich ins Gelände begibt, sollte unbedingt auch nach Geländehindernissen Ausschau halten. Diese fördern die Geschicklichkeit und das Körpergefühl des Pferdes und können Abwechslung in das Gymnastiktraining unserer Pferde bringen. Klassisch ist das sogenannte Hangbahntraining. Das heißt, man nutzt bewusst Geländesteigungen und trainiert das Pferd am Boden oder im Sattel bergauf oder bergab.

Beim Bergaufreiten kann man hervorragend die Grundgangarten seines Pferdes und die Aktivität der Hinterhand verbessern. Wenn man beispielsweise bergauf das Pferd traben lässt, fördert man stark den Schub und den Vortritt der Hinterhand. Diese Übung ist besonders im Trab anstrengend für Pferde. Deshalb wollen sie häufig lieber in den Schritt oder Galopp ausweichen. Wer gezielt am Schub seines Pferdes arbeiten möchte, sollte aber bewusst auch immer wieder mal Trabreprisen bergauf ins Geländetraining mit aufnehmen.

Beim Bergabreiten sollte man unbedingt darauf achten, dass das Pferd nicht auf die Vorhand fällt. Gerade noch junge und noch nicht so weit ausgebildete Pferde werden das nämlich sicherlich bergab schnell versuchen. Um Abhilfe zu schaffen, sollte man immer wieder Übergänge zum Halten und halbe Paraden sowie ganz feine Tempiunterschiede sowohl am Boden als auch unter dem Sattel nutzen. Immer wenn das Pferd die Last auf die Hinterhand aufnimmt, sich etwas mehr „setzt" und damit die Vorhand leichter und freier arbeitet, sollte man es unbedingt bestätigen und loben.

Wenn das Pferd bergab bereits eine recht stabile Balance entwickelt hat, kann man die besonders effektive Übung des Bergab-Schulterherein ins Repertoire mit aufnehmen. Wichtig ist, anfangs nur ein paar wenige Schritte zu verlangen und bei korrekter Ausführung das Pferd sofort wieder ins Geradeaus zu entlassen. Neben Übergängen zum Halten ist auch das Rückwärtsrichten eine hervorragende Lektion, um die Balance, das Beckenabkippen und die aktive Hinterhand zu fördern. Wer das Rückwärtsrichten als Einzellektion im Schwierigkeitsgrad steigern möchte, kann diese Lektion bergauf ausführen. Hierbei sollte das Pferd aber schon gut aufgewärmt sein und das Rückwärtsrichten auf ebenem Terrain sollte balanciert und flüssig funktionieren. Immer wieder kann man den Schwierigkeitsgrad, also die Hangneigung, langsam steigern, um das Pferd nicht zu überfordern.

Unterschiedliche Böden und Bodenunebenheiten wie Wurzeln im Wald oder unebenes Terrain können die Geschicklichkeit und die Aufmerksamkeit des Pferdes steigern. Auch Bäume eignen sich hervorragend als „lebende Pylonen", um die man Volten, Zirkel, Achten oder sogar ganze Slalomreprisen reiten kann. Wer fortgeschritten ist, kann diese Übungen dann bei passendem Untergrund auch rückwärts ausführen. Wichtig ist hierbei – zusätzlich zu den gewohnten Rückwärtshilfen – vor allem der äußere, verwahrende Schenkel, der mal eher aktiv eingesetzt wird, um die „Kurve im Rückwärts" einzuleiten. Anfangs beginnt man mit ein paar Tritten rückwärts und reitet nicht sofort eine komplette Volte rückwärts. Mit etwas Übung kann man auch die Strecke und den Schwierigkeitsgrad des gezielten Rückwärtsfigurreitens erweitern. Rückwärts eine Acht zu reiten ist gar nicht so einfach, schult aber hervorragend die Balance und Geschmeidigkeit des Pferdes und die Hilfengebung des Reiters.

Schritttraining im hügeligen Gelände ist hervorragend geeignet, um die Grundkondition von Pferden zu verbessern. *Foto: Sandra Fencl*

Baumstämme als Trainingstool

Auch als Cavaletti, kleine Sprünge oder Side Pass sind umherliegende Baumstämme eine großartige Trainingsvariante. Als Side Pass bezeichnet man eine Stange, die am Boden liegt und die man wie in der Working Equitation im Seitengang überwindet. Man lässt das Pferd mit den Vorderbeinen über die Stange oder den kleinen Baumstamm steigen und lässt es dann einem Schenkel seitwärts weichen, wobei die Stange von der Ausrichtung her immer ziemlich genau unter dem Reiter bleiben sollte. Das Pferd geht also steil seitwärts, ohne die Stange zu berühren.

Wer die Augen offen hält, wird bestimmt auch in seiner Reitgegend ein paar spannende „Geländehindernisse" finden, um die Balance, Koordination und auch die Kraft seines Pferdes zu schulen. Wichtig ist natürlich immer, dass man sich auf „erlaubtem Terrain" befindet und nicht etwaigen Ärger mit Förster, Jäger & Co auslöst. *Foto: Sandra Fencl*

Ein tolles „Tool", um mehr Abwechslung und Balance ins Pferdetraining zu bringen, sind natürliche Podeste. Die Podestarbeit fördert sowohl den Tastsinn und damit die Beinkoordination sowie die Kraft. Sie wirkt sogar – bei korrekter Ausführung – der Trageschwäche entgegen. Nebenbei fördert es das Selbstbewusstsein des Pferdes und trägt zur Motivation des Vierbeiners bei. Weiters nimmt es dem – von vielen Mensch-Pferd-Paaren – gefürchteten Verladen den Schrecken, weil das Pferd lernt, Steigungen gezielt zu überwinden. Außerdem werden das Vertrauen und der gemeinsame Spaß mit dieser Übung stark gefördert. Wichtig ist jedoch, dass das Pferd gut aufgewärmt und gesund ist – also keine Huf- oder akuten Bewegungsapparatprobleme hat. Ein noch unerfahrenes Pferd sollte man unbedingt mit niedrigen, bodennahen Podesten an diese neue Arbeit gewöhnen. Kleine Baumstümpfe sind hierfür ideal. Bevor man sein Pferd auf ein solches Naturpodest stellt, sollte man unbedingt die Festigkeit und Beschaffenheit des Podestes und des umliegenden Bodens prüfen, um vor bösen Überraschungen gefeit zu sein. Ein Podest, das in sich zusammenbricht, oder ein Untergrund, der nachgibt, wären nämlich keine positive Lernerfahrung für das Pferd.

Wenn man ein passendes Podest gefunden hat und das Pferd fit und aufgewärmt ist, kann es losgehen. Wichtig ist immer das geradlinige Anführen zum Podest. Ich lasse die Pferde das Podest erst einmal beschnuppern und lobe sie dafür intensiv. Danach richte ich sie wieder rückwärts, führe sie wieder gerade an und wiederhole den Schnupperprozess. Wenn das Pferd freiwillig mit seinem Huf das Podest ertastet, lobe ich diesen Versuch überschwänglich. Danach lasse ich es wieder ein paar Tritte rückwärtstreten und mache dort eine kurze Pause. Diese Rückwärtsrichten-Reprisen fördern einerseits noch mal die Gymnastizierung. Andererseits finde ich es wichtig, einem Pferd von Anfang an zu zeigen, dass die Podestarbeit einen Ablauf hat. Es gibt viele Pferde, die kein korrektes Podesttraining gelernt haben und einfach selbstständig und teilweise recht wild und ungefragt jeden podestähnlichen Gegenstand erklimmen, der ihnen in die Quere kommt. Pferde sollten nur auf ein bestimmtes Zeichen ein Podest besteigen und bekommen mittelfristig ihre Belohnung erst dann, wenn sie vom Podest wieder runtergestiegen sind und die Übung beendet haben. Wenn man gezielt seine Stimme positiv einsetzt, verstehen die Pferde trotzdem, dass das Lob an die Podestarbeit geknüpft ist. Inspiziert das Pferd entspannt das Podest, kann man es durch einen leichten Kappzaum- oder Halfterimpuls nach vorn-oben bitten. Geschickte und mutige Pferde werden daraufhin wahrscheinlich den ersten Huf auf die niedrige Stufe stellen. Weniger mutige oder nicht so kreative Pferde werden uns verständnislos ansehen. Diesen Pferden kann man helfen, indem man einen Huf vorsichtig auf das Podest stellt und sie dann gleich euphorisch lobt. Das Pferd wird jetzt entweder entsetzt sein Bein zurückziehen oder aber freudig auf dem Podest „tasten". Wenn es das Bein wegzieht, wiederholt man den Ablauf einfach noch einmal und lobt präzise in dem Moment, in dem der Huf auf dem Podest steht. Wenn es von sich aus tastet, lobt man es ebenfalls und lässt es nach ein paar Klopfversuchen wieder ein paar Tritte entspannt rückwärtstreten. Danach wiederholt man bei schüchternen Pferden den Prozess mit dem gleichen Bein. Bei weniger schüchternen Pferden können wir gleich auf das andere Bein wechseln.

In der korrekten Podestarbeit ist die kontrollierte, geradlinige Annäherung die halbe Miete. Beim ersten Podesttraining sollte das Pferd für jeden Annäherungs- und Schnupperversuch oder auch für das Ertasten des Podests intensiv gelobt werden. Stellt es sein Bein nicht freiwillig auf das Podest, kann man dies händisch tun und bestärkt sofort den Moment durch überschwängliches Loben. Um das Pferd final mit dem zweiten Bein auf das Podest zu holen, kann man es mit einem kleinen Vorwärts-aufwärts-Impuls am Kappzaum oder Halfter einladen, nach vorn zu treten. Um ausgeglichen wieder nach unten zu steigen, kann man sein Pferd mit einem kleinen Aufwärts-Arret animieren, das Vorderbein über die Kante des Podests nach oben anzuheben. *Foto: Sandra Fencl*

Wenn das Pferd mit beiden Beinen zumindest mal kurz einen Huf auf dem Podest hatte, sollte man die Übung beenden. Podestarbeit braucht viel Konzentration und durch das Rückwärtsrichten ist ein gewisser körperlicher Anspruch auch bei den Vorübungen gegeben. Beim nächsten Geländeritt würde ich das Prozedere genau so wiederholen, und wenn das Pferd guter Dinge ist, kann man es, wenn es ein Bein auf dem Podest hat, vorsichtig nach vorn-oben mit einem kleinen Halfter- oder Kappzaumimpuls mit dem zweiten Bein nach oben einladen. Wenn es noch zögerlich ist, die vorherigen Schritte ein paarmal wiederholen oder aber ein niedrigeres Podest suchen. Wenn das Pferd es auf das Podest geschafft hat – loben, loben, loben! Wichtig dabei ist, dass es möglichst mittig zum Stehen kommt. Wenn es zu sehr an der Kante steht, könnte es bei einer ungeschickten Bewegung schnell vom Podest fallen. Das Pferd sollte anfangs nur kurz auf dem Podest stehen (maximal drei Sekunden), weil es sich manchmal etwas mulmig fühlen könnte. Manche Pferde werden übermütig und trippeln möglicherweise auf dem Podest etwas unkontrolliert umher. Deshalb ist das ruhige Stehen die Voraussetzung für korrekte Podestarbeit. Wenn man es nach ein paar Stehsekunden wieder vom Podest runterholen will, empfiehlt sich, das bekannte Rückwärtssignal zu geben, und man kann ein kleines „Aufwärtsarret" zusätzlich anwenden. Dabei gibt man einen kleinen Kappzaum- oder Halfterimpuls nach oben und hilft so dem Pferd, sein Bein gezielt nach hinten-oben anzuheben, anstatt eher über das Podest „drüberzuschleifen". Dieses Anheben ist ein wichtiger Sicherheitsaspekt und sollte von Anfang an geübt werden. Man sollte maximal zwei Podestaufsteigwiederholungen machen und das Pferd recht schnell an seiner Pausenposition etwas vom Podest entfernt belohnen, um ein stürmisches oder unkontrolliertes Erklimmen von Podesten zu vermeiden.

Wassertreten und Schneetraining stärkt Sehnen und Muskeln

Wassertreten in Bächen oder Flüssen ist ein tolles Muskeltraining. Wer schon ein höher ausgebildetes Pferd hat, kann (bei geeignetem Boden) auch Spanischen Schritt, Piaffe oder Passage im Wasser trainieren. Das ergibt ein effektives (Maximalkraft-)Training. Jedoch bitte nicht übertreiben, weil die Wassertreten-Trainingsform fürs Pferd sehr anstrengend ist. Wer

Das Training im Wasser, im tiefen Gras oder im Tiefschnee fördert den Takt und die Kraft des Pferdes. Gleichzeitig wird die Intensität des Trainings gesteigert. *Foto: Sandra Fencl*

keinen Flusslauf zur Verfügung hat, kann ähnliche Effekte beim Reiten im hohen Schnee oder im hohen Gras erzielen (wenn das in der jeweiligen Wiese vom Bauern erlaubt ist). Außerdem kann man Wasserpfützen durchreiten oder auch bewusst überspringen. Ein gleichzeitiger Schenkeldruck und ein animierendes „Hopp!" hat bei meinen eigenen Pferden sofort zur Springmotivation geführt. Allerdings muss man sich dessen bewusst sein, dass sie möglicherweise später eigeninitiativ Pfützen überspringen – auch wenn man es in dem Moment gerade nicht vorhatte. Das langsame Durchreiten von Schlammstrecken hat einen positiven Effekt auf das Körpergefühl von Pferden (ist jedoch nicht bei losen Hufeisen oder Hufschuhen zu empfehlen). Wer am Weg Toren begegnet, kann diese ebenfalls als Working-Equitation-Hindernis nutzen. Das Öffnen und Schließen des Tors vom Pferd aus verlangt zwar Geschicklichkeit des Menschen und Rittigkeit des Pferdes, macht aber großen Spaß und zeigt dem Reiter schnell, wie gut sein Pferd an den Hilfen steht.

Geländetraining ohne besondere Geländeanforderungen

Auch ohne besondere Geländegegebenheiten kann man sein Pferd super im Gelände trainieren. Die erste und einfachste Übung ist das „Stellen" beim Geländeritt. In den meisten Fällen ist das Pferd von Natur aus schief und ist somit auf einer Seite meist fester und schwieriger zu stellen (nämlich auf seiner händigen Seite; beim links hohlen Pferd wäre das die rechte Seite). Diese Festigkeit drückt sich immer in einer verminderten Beweglichkeit in der Wirbelsäule des Pferdes und einer Asymmetrie über den gesamten Pferdekörper aus. Beim Geländetraining kann man das Pferd – vor allem auf seiner festen Seite – immer wieder vorsichtig stellen. Je schiefer (und damit auch weniger geschmeidig) ein Pferd ist, desto geringer sollte man den Abstellungsgrad wählen und desto kürzer sollte man das Pferd die Stellung halten lassen. Ansonsten erreicht man nämlich genau das Gegenteil von dem, was man bewirken will. Das Pferd wird sich fest machen, weil ihm das zu deutliche oder zu lange Stellen unangenehm oder zu anstrengend ist. Bei sehr schiefen Pferden reicht schon ein Abstellungsgrad von 3 bis 5 Grad und eine anfängliche Dauer von vielleicht nur einer Sekunde. Das heißt, sobald das Pferd die Stellung angenommen hat, geben wir sofort wieder nach und loben es ausgiebig.

Je öfter wir diese Stellungsanfrage wiederholen, desto geschmeidiger wird das Pferd in seiner Wirbelsäule und in seinem gesamten Körper. Wichtig ist, dass wir uns nicht nur auf den Kopf-Hals-Bereich des Pferdes fokussieren, sondern gleichzeitig die Hinterhand „unter Kontrolle" behalten. Das links hohle Pferd wird dazu neigen, mit der linken Hinterhand nach links von seinem Körperschwerpunkt wegzutreten, und speziell in der Stellung versuchen, der Lastaufnahme auf seinem linken Hinterbein auszuweichen. Hier ist der linke (seitwärts oder vorwärts-seitwärts treibende) Schenkel des Reiters gefragt, um dem entgegenzuwirken.

Schenkelweichen fördert die Geschmeidigkeit

Wenn die Stellung zufriedenstellend funktioniert, können wir das Schenkelweichen auf freier Linie oder von Wegrand zu Wegrand dazunehmen. Das Schenkelweichen fördert ebenfalls die Durchlässigkeit und Geschmeidigkeit des Pferdes und verbessert außerdem seinen Hilfengehorsam. Je nachdem, wie fortgeschritten unser Reitpferd ist, kann man die Seitwärtsintensität variieren. Ein noch steifes Pferd kann man eher weniger seitwärts und mehr vorwärts durch seitwärtstreibenden Schenkel und eine Stellung gegen die Bewegungsrichtung, von einem Wegrand zum anderen, verschieben. Ein bereits fortgeschrittenes Pferd kann man auch sehr stark seitwärts schicken (wie wenn man eine Mauer vor der Nase des Pferdes hätte) und wenig(er) vorwärts. Dabei kann man den Abstellungsgrad immer wieder variieren. Wichtig ist in jedem Fall, dass man selbst im Kopf eine genaue Linie verfolgt. Man kann sich einen Ankunftspunkt aussuchen, beispielsweise einen Busch oder Stein, und hat so einen genauen Verlauf des Seitengangs. Wenn das Pferd das alles gut ausführt, kann man den Schwierigkeitsgrad noch weiter steigern, indem man es anstatt gegen die Bewegungsrichtung in die Bewegungsrichtung stellt. Das sogenannte Half Pass wirkt besonders geraderichtend und hilft dem Pferd, sich zu versammeln.

Beim Bergabreiten ist es sehr wichtig, dass die Balance der Pferde erhalten bleibt und sie nicht zu sehr auf die Vorhand fallen. *Foto: Sandra Fencl*

Die „Energie des Geländes" kann man bei Lektionen, die viel Kraft und Muskelarbeit benötigen wie Spanischer Schritt, Piaffe und Passage, gut nützen. So werden die Lektionen noch ausdrucksstärker und schöner.

Foto: Alisa Konrad

Tipp!
Wenn die genannten Lektionen gut im Schritt funktionieren, kann man diese mit etwas Übung auch im Trab oder sogar im Galopp durchführen.

Eine weitere, oft vergessene Trainingsidee im Gelände ist das gezielte, punktgenaue Übergängereiten. Hier kann man sich optische Geländegegebenheiten aussuchen, die dann die Bahnpunkte ersetzen. Punktgenaues Angaloppieren bei einem Stein oder exaktes Durchparieren vom Galopp zum Schritt bei einem Baum können die Balance, Durchlässigkeit und die Aufmerksamkeit von Pferden im Gelände wunderbar schulen und fördern. Bei den Übergängen kann auch das Rückwärtsrichten als gymnastisch wertvolle Lektion ergänzt werden – beispielsweise Rückwärtsrichten und aus dem Rückwärtsrichten direkt antraben oder angaloppieren. Dann nur ein kurzes Stück in der höheren Gangart verbleiben – und idealerweise einen direkten Übergang zum Halten ausführen. Wenn man diesen Ablauf drei- oder viermal wiederholt, wird man bei korrekter Ausführung einen schnellen Effekt in der positiven Aufrichtung und Durchlässigkeit seines Pferdes bemerken. Gerade im Galopp entwickeln die Pferde mithilfe dieser Übungsabfolge eine geschmeidige Bergaufgaloppade. Wichtig ist dabei, dass man als Reiter im Schwerpunkt sitzen bleibt und den Oberkörper nicht nach vorn wirft, damit das Pferd mehr Tragkraft und somit eine bessere Balance entwickeln kann.

Das gezielte, abwechselnde Angaloppieren im offenen Gelände – also ohne Bande, an der sich das Pferd anlehnen kann – ist eine großartige Übungsvariante. Wenn die einfachen Galoppwechsel (der Übergang Galopp–Schritt–Galopp) gut klappen und die fliegenden Galoppwechsel in der Bahn schon geübt wurden, kann man diese ins Geländetraining mit aufnehmen. Gerade Pferden, die sich im fliegenden Galoppwechsel verhalten, hilft oft die Freiheit des Geländes, um die Wechsel mehr nach vorn rauszuspringen.

Der Weg nach Hause als Training

So manches Pferd zeigt deutlich mehr Frische und Eigenenergie auf dem Heimweg und deshalb sind kurze Reprisen im verstärkten Trab, aber auch im versammelten Trab oder sogar Übergänge zur Piaffe oder Passage eine tolle Geländetrainingseinlage – einfach in kurzen Reprisen den Trab auf dem Nachhauseweg leicht verkürzen. Wenn das Pferd das gut annimmt, sollte man es beherzt loben und wieder den Trab langsam rausreiten. Wichtig! Nicht übertreiben und das Pferd überfordern, sondern lieber nur ein bis zwei korrekte Reprisen verlangen, wieder eine Pause einlegen und das Pferd im Schritt seine Leistung „verdauen“ lassen. Es ist vor allem praktisch, aber auch faszinierend, das Geländetraining für die so wichtige Gymnastik des Pferdes zu nutzen. Frei nach dem Motto „Die Dressur ist für das Pferd da und nicht das Pferd für die Dressur“ ist es wichtig, die regelmäßige Schiefenkorrektur und Gymnastizierung unserer Pferde vorzunehmen. Der positive Nebeneffekt vom „Dressurreiten im Gelände“ ist ein auf den Reiter fokussiertes, motiviertes und aufmerksames Pferd. Durch die Gymnastik werden die Pferde deutlich weniger schreckhaft und vertrauen immer mehr auf ihren Reiter.

Die Energie des Heimwegs kann man effektiv für Verstärkungen beziehungsweise auch für die Versammlung nutzen. *Foto: Sandra Fencl*

Hier den Podcast zum Artikel:
https://www.sandrafencl.com/gelaendetraining-5-tipps-zur-gymnastizierung-deines-pferdes/

Sandra Fencl ist mit Pferden aufgewachsen und hat aufgrund ihrer eigenen Rückenproblematik früh ein feines Gespür für physische, aber auch psychische Leiden entwickelt. Sie hat eine vielfältige Ausbildung im Gesundheitsbereich für Pferde und Menschen absolviert, ist Trainerin für Islandpferde und Trainerin klassisch-barock. Die studierte Betriebswirtin ist Bloggerin für alles rund ums Pferd und gibt ihr Wissen auch in ihren beliebten Webinaren an Interessierte weiter.
www.sandrafencl.com

Foto: Christiane Slawik, Grafik: stock.adobe.com/arahan

Der Ritt in der Natur

Haftung und Rechtslage beim Ausreiten

von Frank Richter, Rechtsanwalt

Ausreiten – wohl das schönste Freizeitvergnügen, wenn man mit seinem Pferd gemeinsam unterwegs sein will. Allerdings, wer ausreitet, muss eine Fülle von Vorschriften beachten. Auf welchen Straßen und Wegen darf man oder darf man nicht reiten? Welche Regeln gelten für Gruppenausritte, welche für das Führen von Pferden? Und welche juristischen Probleme bergen Pferdeäpfel?

So mancher Reiter geht hier sehr unbedarft in die Thematik „Ausreiten“ hinein. Schließlich will man doch nur endlich nach langer (Winter-)Zeit nur noch einige Zeit mit seinem Pferd durch den Wald oder über die Wiese reiten. Dabei gilt es allerdings, auch auf einiges Rechtliches zu achten. Um in die Natur zu gelangen, muss man häufig öffentliche Straßen passieren. Hierbei unterliegen Reiter und Pferd der Straßenverkehrsverordnung (StVO). Nach dieser sind Haus- und Stalltiere, die eine Gefährdung des Straßenverkehrs herbeiführen können, auf der Straße nicht erlaubt.

Eine Ausnahme besteht, wenn die Tiere von einer geeigneten Person begleitet werden, die ausreichend auf sie einwirken kann (§ 28 Abs. 1 StVO). Das heißt: Der Reiter trägt die Verantwortung dafür, dass er sein Pferd unter Kontrolle hat und, falls es nicht verkehrssicher ist, der Straße fernbleibt.

Schon ab drei Reitern mit Pferd gilt eine Gruppe als Reiterverband. *Foto: Christiane Slawik*

Nehmen Pferd und Reiter am Straßenverkehr teil, so gelten für sie die nach § 28 Abs. 2 StVO für den gesamten Straßenverkehr einheitlich feststehenden Verkehrsregeln und Anordnungen. Das bedeutet zum Beispiel, dass auf öffentlichen Straßen grundsätzlich auf der rechten Seite zu reiten ist oder dass auch Reiter die allgemeinen Verkehrsschilder beachten müssen und an dieselben Beleuchtungsvorschriften gebunden sind wie andere Verkehrsteilnehmer. Reiter dürfen aber längst nicht alle öffentlichen Straßen benutzen: Rad- und Fußwege, Autobahnen, Kraftfahrstraßen und gesperrte Verkehrsflächen sind für Reiter tabu.

Muss man auf Geh- und Radwege ausweichen?

In bestimmten Gefahrensituationen ist es erforderlich, dass der Reiter absteigt und sein Pferd an der bedrohlichen Stelle vorbeiführt. Dann stellt sich die Frage, ob er mit dem Tier auf den Gehweg, den Radweg oder den gemeinsamen Geh- und Radweg ausweichen darf. Die Rechtslage ist klar: Nach § 41 StVO handelt es sich bei Geh- und Radwegen um sogenannte Sonderwege. Als solche dürfen sie nur von den für sie bestimmten Verkehrsteilnehmern, also von Fußgängern und Radfahrern, benutzt werden. Für alle anderen sind sie tabu.

Deshalb muss der Reiter, auch wenn er sein Pferd führt, grundsätzlich auf der Straße bleiben. Denn genauso wie ein gerittenes ist auch ein geführtes Pferd weder auf Rad- noch auf Gehwegen zugelassen – obwohl sein Reiter in diesem Moment Fußgänger ist.

Was gilt beim Reiten im Verband?

Zusätzliche Vorschriften greifen, wenn mehrere Reiter gemeinsam unterwegs sind. Reitergruppen müssen als solche für andere Verkehrsteilnehmer deutlich erkennbar sein. Die Straßenverkehrsordnung spricht in diesem Fall von Verbänden (§ 27 StVO). Bereits drei Reiter-Pferd-Paare bilden einen solchen Verband, der rechtlich gesehen als nur ein Verkehrsteilnehmer gilt. Das hat den Vorteil, dass der gesamte Verband geschlossen weiterreiten kann, wenn während einer Straßenüberquerung die Ampel auf Rot umschaltet.

Ein Verband bedarf eines Verbandsführers, der vorn links reitet und für die Beachtung der Verkehrsvorschriften zu sorgen hat. Der Verband sollte nicht länger als 25 Meter sein. Notfalls ist in mehreren Gruppen (Verbänden) zu reiten. Zwischen diesen ist ein ausreichend großer Abstand einzuhalten, der anderen das Überholen ermöglicht.

Führen – gekoppelt und ungekoppelt

Auch das Führen von Pferden unterliegt Einschränkungen. Ungekoppelt darf man nur ein Pferd führen. Bei zwei Pferden wird es dagegen schon schwierig. Die häufig praktizierte

Pferde, die im Straßenverkehr geführt werden, unterliegen gesonderten Einschränkungen. *Foto: Meike Bölts*

Vorgehensweise, je ein Pferd rechts und links am Strick zu führen, ist unzulässig. Auch mehrere Pferde die Straße entlangzutreiben, ist verboten.

Will man zwei oder mehr Pferde führen, muss man sie koppeln, die Tiere also mit einem kurzen Strick untereinander am Halfter verbinden. Diese Koppelungspflicht gilt bereits für Saugfohlen, wobei in diesem Fall das Koppel am Bauchgurt der Mutterstute befestigt werden sollte. Bei älteren Pferden muss man die Trense über das Halfter schnallen. Die Zügel laufen in die Hand des Führers. Gekoppelt dürfen bis zu vier Pferde geführt werden. Dies sollte man aber nicht ausreizen – mit zwei Pferden ist es schließlich schon schwierig genug.

Auch wenn ein Reiter zwei Handpferde mitführt, hat er sie untereinander zu koppeln. Dabei muss das Reitpferd links von den beiden Handpferden gehen. Mehr als zwei Handpferde dürfen nicht mitgenommen werden.

Die Vorfahrtsfrage

Wer hat Vorfahrt – Motorrad oder Pferd? Bei dieser Frage sind viele Verkehrsteilnehmer – nicht nur berittene – ratlos. Doch sie ist relativ einfach zu beantworten. Denn für Reiter im Straßenverkehr gelten keine besonderen Regelungen. Insbesondere sind sie nicht per se wartepflichtig. Die Vorfahrt erzwingen zu wollen, ist für sie allerdings ebenso wenig ratsam wie für Zweiradfahrer.

Einen Sonderfall stellen Führer von Pferden dar: Auch wenn dies für die Benutzung von Rad- und Gehwegen nicht zutrifft, gelten sie im Zusammenhang mit der Vorfahrtsfrage als Fußgänger, die Fahrzeuge mitführen, und sind daher stets wartepflichtig.

Zankäpfel – Pferdeäpfel

Ein weiteres konfliktträchtiges Problem sind die Pferdeäpfel, die unterwegs auf die Straße fallen. Vorab ist festzustellen, dass es sich bei den meisten Regelungen in diesem Bereich um kommunale Satzungen oder Polizeiverordnungen handelt. In diesen legt jede Gemeinde individuell für ihr Gebiet fest, was mit Hundekot, Pferdeäpfeln, Kuhmist, aber auch Erdbocken auf Fahrbahnen und Bürgersteigen zu tun ist und was bei Zuwiderhandlungen geschieht. Diese Regelungen gehen meist viel weiter als die nachfolgend beschriebenen. Unter Umständen ergeben sich hieraus auch nachbarrechtliche Beseitigungs- und Unterlassungsansprüche. Was in der betreffenden Ortschaft gilt, sollte deshalb bei der Gemeinde erfragt werden.

Pferdeäpfel auf der Straße können auch gefährlich für Verkehrsteilnehmer werden, da bei Nässe jemand darauf ausrutschen kann. Sie sollten unverzüglich entfernt werden. *Foto: www.shutterstock.com/Juraj Kamenicky*

Bundeseinheitlich gilt jedoch § 32 Straßenverkehrsordnung. Er besagt, dass Verschmutzungen auf öffentlichen Straßen verboten sind. Gefährden oder erschweren sie den Verkehr, muss der verursachende Reiter sie, wenn zumutbar, entfernen beziehungsweise kenntlich machen. Das gilt einer Verwaltungsvorschrift zufolge insbesondere auch für Viehkot. Denn vor allem bei Nässe kann sich aus ihm ein rutschiger Schmierfilm bilden, der zu der erwähnten Gefährdung insbesondere von Motorradfahrern oder zur Erschwerung des Verkehrs führt.

Der BGH hat mit Urteil vom 23.01.2007, AZ: VI ZR 146/06, festgestellt, dass der Verursacher einer Verschmutzung im Falle eines durch die Verschmutzung verursachten Unfalles in nicht unerheblichem Maße haftet.

Bei einem Überholmanöver stellt sich nicht nur die Frage der Vorfahrt, sondern auch, wie gefährlich es für alle Beteiligten ist. *Foto: Meike Bölts*

Unverzügliche Beseitigungspflicht

§ 32 StVO spielt allerdings nur bei schwerwiegenderen Verunreinigungen eine Rolle, geringfügige Behinderungen lässt er außer Betracht. Mit anderen Worten: Es kommt auf die Größe des Haufens (Verschmutzungsausmaß) und seine Lage (Position auf der Straße, Bedeutung und Nutzung dieser Straße) an. Ein Verstoß gegen § 32 StVO stellt eine Ordnungswidrigkeit dar. Kommt es aufgrund der Verschmutzung zu Unfällen, entstehen auch zivilrechtliche Ansprüche der Geschädigten gegen den Verantwortlichen. Der Reiter kann zwar nicht verhindern, dass sein Pferd auf die Straße äpfelt. Aber diese Tatsache ändert nichts an seiner Beseitigungspflicht. Diese entfällt nur auf Feld- oder Privatwegen.

Allerdings verlangt das Gesetz nicht eine „sofortige", sondern nur eine „unverzügliche" Beseitigung der Hinterlassenschaften. Das heißt, der Reiter kann zum Stall zurückreiten, um dem Haufen anschließend mit geeignetem Werkzeug zu Leibe zu rücken. Grundsätzlich geht die Entfernung des Kots auf seine Kosten.

Eine Frage der Rücksichtnahme

Bundesweit spielen im Zusammenhang mit der Beseitigung von

10 Regeln für das Reiten im Wald

1. Verschaffe dir und dem Pferd genügend Training und Bewegung, Geländeritte stellen besondere Ansprüche an Pferd und Reiter.

2. Sorge für hinreichenden Versicherungsschutz für Reiter und Pferd. Verzichte nie auf die feste Sturzkappe und Reitstiefel.

3. Kontrolliere vor jedem Ausritt den verkehrssicheren Zustand von Sattel und Zaumzeug. Auch du und dein Pferd müssen verkehrssicher sein.

4. Vereinbare Ausritte ins Gelände immer in der Gruppe. Es macht mehr Spaß und ist sicherer.

5. Reite nur auf ausgewiesenen Reitwegen, niemals quer durch den Wald. Informiere deinen Reitstall über den beabsichtigten Weg und die Dauer des Ausritts. Wenn möglich, nimm für den Notfall ein Handy mit.

6. Verzichte auf einen Ausritt oder nimm entsprechende Umwege in Kauf, wenn Wege durch anhaltende Regenfälle oder Frostaufbrüche weich geworden sind und nachhaltige Schäden entstehen könnten. Vorsicht bei Frost und Schneelage!

7. Begegne anderen Waldbesuchern und Fahrzeugen immer nur im Schritt, passe das Tempo dem Gelände an.

8. Melde unaufgefordert Schäden, die immer einmal entstehen können, und regle entsprechenden Schadenersatz.

9. Sei freundlich und hilfsbereit zu allen, die dir draußen begegnen, sei deinem Pferd ein guter Kamerad.

10. Dein gutes Vorbild hilft anderen Reitern und prägt das Bild der Reiterei.

Reiten im Wald ist nur auf Straßen und Wegen gestattet. *Foto: Christiane Slawik*

Pferdeäpfeln auch das Nachbarrecht sowie die Rechte aus dem Eigentum eine Rolle. Das heißt, grundsätzlich kann sich jeder Eigentümer eines Grundstücks gegen dessen Verschmutzung mit Unterlassungs-, Beseitigungs- oder Schadensersatzansprüchen wehren. Neben dem Bundes- und oben erwähnten Kommunalrecht greift bei diesem Thema aber auch das Landesrecht. Ein Beispiel: In Baden-Württemberg besagt § 37 Abs. 4 Landesnaturschutzgesetz, dass Abfälle in freier Natur beseitigt werden müssen – worunter in der Regel auch Tierkot fällt. Auch dieser Vorschrift wird durch einen Ordnungswidrigkeitstatbestand Nachdruck verliehen. Ähnliche Regelungen gibt es auch in den Naturschutz-, Wald- oder Forstgesetzen aller anderen Bundesländer.

Abschließend möchte ich zum Thema Pferdeäpfel festhalten: Jeder Reiter sollte Verunreinigungen, die sein Pferd verursachte, nach Möglichkeit entfernen, auch wenn er gesetzlich nicht dazu gezwungen ist. Das gebietet schon die Rücksicht auf die Mitmenschen. Ist eine Beseitigung nicht möglich, etwa weil der Haufen zu weit vom Stall entfernt ist, auf einer viel befahrenen Straße liegt oder weil man keine geeigneten Geräte dabeihat, so sollte man zumindest versuchen, ihn zu kennzeichnen oder Einrichtungen wie die Straßenwacht oder die Müllabfuhr zu benachrichtigen, die ihn entfernen können.

Reiten abseits der Straßen

Nicht nur auf öffentlichen Straßen, sondern auch auf öffentlichen Feldwegen gilt die Straßenverkehrsordnung – mit der Folge, dass Pferde auf diesen Wegen geritten und geführt werden dürfen. Im Wald und auf nicht öffentlichen Wegen in der Feldflur unterliegen Reiter und Pferde dagegen nicht der Straßenverkehrsordnung, sondern dem Bundesnaturschutz- und dem Bundeswaldgesetz. Bundesweit gilt, dass das Reiten im Wald nur auf Straßen und Wegen gestattet ist und auf eigene Gefahr geschieht.

Allerdings sind Bundesnaturschutz- und Bundeswaldgesetz sogenannte Rahmengesetze, die die konkrete Ausgestaltung den einzelnen Bundesländern überlassen. Auf das Reiten in der Feldflur hat dies keine weiter gehenden Auswirkungen. In den meisten Bundesländern ist es dort mittlerweile auf privaten, also nicht öffentlichen Wegen grundsätzlich erlaubt (prinzipielle Genehmigung mit Verbotsvorbehalt).

Reiten im Wald

Komplizierter wird es, sobald Pferd und Reiter den Wald betreten. Hier sind die landesrechtlichen Vorschriften sehr uneinheitlich. Grob lassen sie sich in zwei Gruppen einteilen: In einigen Bundesländern ist das Reiten nur eingeschränkt möglich. In den restlichen Bundesländern ist das Thema Reitrecht dagegen großzügig geregelt. Ausnahmen für bestimmte Wege und einzelne Gebiete können aber getroffen werden, wenn sie zum Schutz der Natur oder für ein verträgliches Miteinander von Reitern und anderen Naturnutzern erforderlich sind.

Die Kennzeichnungspflicht

In vielen Bundesländern besteht eine Kennzeichnungspflicht. Sie besagt, dass jeder, der in der freien Landschaft oder im Wald reitet, ein gut sichtbares, am Pferd beidseitig angebrachtes Kennzeichen führen muss, auf das die Reiterplakette des jeweiligen Jahres aufgeklebt ist. Eine weitere Gemeinsamkeit: In den meisten Ländern darf der Wald nur zum Zwecke der Erholung betreten werden. Verfolgt das Betreten – ob zu Fuß, zu Pferd oder mit der Kutsche – andere Zwecke, wie dies zum Beispiel bei gewerblichen Reitveranstaltungen der Fall ist, sind Genehmigungen einzuholen.

Auf alle Einzelheiten des Reitrechts in den verschiedenen Bundesländern einzugehen, würde den Rahmen dieses Artikels sprengen. Detailierte Informationen zu den Bundesländern finden Interessierte unter https://naturalhorse.de/regelungen-in-den-einzelnen-bundeslaendern-in-deutschland.html

Frank Richter hat sich auf Pferderecht (zum Beispiel Pferdekauf- und Einstellerverträge und vieles rund ums Pferd) sowie Tierrecht, Straßenverkehrsrecht, Internetrecht und Vereins- und Verbandsrecht spezialisiert. Er selbst ist ein erfahrener Reiter und war jahrelang im Vorstand seines Reitvereins tätig.
www.richterrecht.com

Buchempfehlungen

Die Persönlichkeit meines Pferdes

Mit Typenbestimmung und passenden Übungen

Mit „Lernen Sie Ihr Pferd neu kennen“ beginnt ein interessanter Ratgeber, der für Pferdefreunde gedacht ist, die den Charakter ihres Pferdes richtig kennenlernen wollen. Er führt den Leser von der Mensch-Pferd-Beziehung hin zum Verstehen der Pferdepersönlichkeiten, die je nach Typus anders behandelt werden wollen. Beobachten – Verstehen – Fördern sind die Grundaktionen, die jeder Pferdebesitzer können sollte. Dazu gibt es praxisnahe und wertvolle Tipps auf dem Weg, das eigene Pferd zu motivieren, mitunter auch zu helfen, ein sicherer Pferdepartner zu werden. Nicht zu unterschätzen sind dabei auch die inneren und äußeren Faktoren, die die Pferde und ihre Beziehung zum Menschen beeinflussen können.

Fazit: Als Überbegriff des Buches kann man diese drei Worte sagen: Pferde sind Charaktertiere. Jenny Wild und Peer Claßen, beide Pferdemenschen durch und durch, geben Einblicke in vier Persönlichkeiten beziehungsweise in Gemütszustände, die aus den Persönlichkeiten resultieren, und vor allem, wie man diese im Training nutzen kann. Zuerst wird man jedoch in die Mensch-Pferd-Beziehung eingeführt und wie man die Pferdepersönlichkeiten erkennen kann. Wer mit dem Gedanken spielt, Begleiter eines Pferdes zu werden, sollte dieses Buch zuerst lesen, damit er auch das Pferd zum eigenen Typus wählt, oder, wer schon ein Pferd hat, dieses Tier entsprechend seinem Charakter fördern. Sehr empfehlenswert!

Die Persönlichkeit meines Pferdes
Mit Typenbestimmung und passenden Übungen
Jenny Wild und Peer Claßen
208 Seiten
Kosmos Verlag
ISBN: 978-3-440-15717-6
€ 32,00 (D)

Dressur to go

Pferde im Gelände gymnastizieren

Britta Schön geht in ihrem Buch in einer Schritt-für-Schritt-Anleitung auf das Reiten im Gelände ein. Dabei beginnt sie mit dem, was der Reiter möchte und was das Pferd braucht. Sicherheit des Pferdes, ob allein oder in der Gruppe reiten und Problemlösungen in jeder möglichen Situation. Weitere Kapitel widmen sich der Ausrüstung, Übungen am Boden, Reiten in allen Jahreszeiten und was man dabei zu beachten hat, Sitz und Hilfengebung. Erst dann kommt man zu dem Titelthema „Gymnastizierung für unterwegs“. Hier wird auf natürliche Hindernisse, Punkte, an denen man sich – wie in einer Reithalle – orientieren kann, sowie Dressurübungen wie Schenkelweichen, Volten, Schlangenlinien, aber auch Geländeübungen wie Bergauf, Bergab, Verhalten im Wasser und die Grundgangarten eingegangen.

Fazit: Der Titel „Dressur to go“ lässt vermuten, dass es sich um reine Dressurlektionen im Gelände handelt. Weit gefehlt! Ein echtes Nachschlagewerk, das neben den Dressurlektionen, die man im Gelände absolvieren kann, auch wertvolle Tipps zum Ausreiten hat. Es zeigt, dass Ausreiten mehr ist als nur ein netter Zeitvertreib. Britta Schön erklärt anfangs auch, dass es im Buch um Gymnastik für unterwegs geht und dass man damit zwei Fliegen mit einer Klappe schlägt. Sie sieht das Geländereiten als eigene Ausbildungsvariante und legt so auch ihre Lösungen an. Schon diese sind das (sehr günstige) Buch wert. Dieses Buch sollte in keinem Bücherregal fehlen. Sehr empfehlenswert!

Dressur to go
Pferde im Gelände gymnastizieren
Britta Schön
96 Seiten
Müller Rüschlikon Verlag
ISBN: 978-3-275-01992-2
€ 11,95 (D)

Harrys Welt

Longieren? Nicht mit mir!

Seit fast 25 Jahren bin ich nun schon mit meinem Menschen zusammen und ich habe ihm viel in dieser Zeit beigebracht. Anfangs wollte er mich immer longieren. Wenn ich etwas hasse, dann sinnlos im Kreis laufen. Das sei gut für meine Gymnastizierung, meinte mein Mensch. Ich meine, die Reiter sind nur zu faul zum Reiten. In der Halle rumlaufen ist auch nicht mein Ding. Das ist was für stumpfe Großpferde, aber ich bin ein Haflinger und brauche den Himmel über mir.

Das habe ich meinem Menschen immer gezeigt. Sobald wir im Gelände waren, gab ich mir große Mühe, ihn auf meinem Rücken zu halten. Er ist mir nur dreimal vom Rücken gefallen in 25 Jahren, einmal in der Halle (selbst schuld).

Wir sind durch Wälder und über Felder geritten und hatten beide unseren Spaß. Darauf hat mein Mensch immer geachtet. Wir haben Pausen gemacht, damit ich am frischen, saftigen Buchenlaub naschen konnte oder mal vom bitteren Eichenlaub kosten konnte. Durch Bäche und dichtes Unterholz trug ich ihn. Selbst ein Mähdrescher machte mir keine Angst.

Es waren schöne Zeiten im Gelände, besonders wenn wir frühmorgens geritten sind. Auch mir war es wichtig, dass mein Mensch Spaß hatte, entspannt war und keine angstvollen Momente unsere gemütlichen Ausritte störten. Ich habe in meinem Leben so viele andere Reiter und Reiterinnen gesehen, die im Gelände mehr Angst als Spaß hatten. An den Pferden lag es nicht.

Und was wurde aus der Gymnastizierung? Das haben wir auf Feld- und Waldwegen gemacht, um meinen Rücken schön muskulös zu halten. Mein Mensch ist mit mir Schlangenlinien geritten, sogar bergauf. Er hat mich rückwärtsgerichtet, um dann aus dem Stand anzutraben. Einmal, am Anfang, hatte ich Muskelkater, später nicht mehr. Er ist mit mir über Waldwege geritten, die stark verwurzelt waren. Anfangs stolperte ich immer, nach kurzer Zeit wusste ich meine Beine in der Balance auf den Boden zu setzen. Sogar die Piaffe haben wir auf dem Feldweg geübt, und immer, wenn ich etwas besonders gut gemacht hatte, bekam ich ein Stück Möhre. Dazu musste ich meinen Hals weit nach hinten dehnen, mal nach links, mal nach rechts. So geht Gymnastizierung!

Zusammen in der Natur kann so schön sein, wenn Pferd und Reiter entspannt sind und ich auch mal meinen Willen bekomme, am Wegesrand zu naschen.

Euer Harry

Wer Fragen, Anliegen oder Wünsche hat, kann mir unter harry@naturalhorse.de eine Mail schreiben.

Kolumne

Impressum

Natural Horse
Über den achtsamen Umgang mit Pferden
Friedrichsruher Weg 33
D-21465 Wentorf bei Hamburg
info@naturalhorse.de

erscheint in der Crystal Verlag GmbH
Friedrichsruher Weg 33
D-21465 Wentorf
Tel. +49 (0) 40 710 015 68
Fax +49 (0) 40 730 915 93
info@crystal-verlag.com

Herausgeber
Hans J. Schmidtke

Autoren dieser Ausgabe
Peer Claßen, Sandra Fencl, Dr. Christina Fritz, Martina Kiss, Lisa Kittler, Sandra Kitzmüller, Gertud Pysall, Frank Richter, Alexandra Rieger, Mona Schäfer, Silja Schießwohl, Nina Steigerwald, Jenny Wild

Layout und Grafik
Eva Lakas Dipl. Des. (FH) | Berlin

Titelfoto
Christiane Slawik

Pressevertrieb
UMS Pressevertrieb Limited, 51545 Waldbröl

Abonnements
Leserservice Natural Horse
Postfach 1363
D-82034 Deisenhofen
Tel. +49 (0) 89 8 58 53-598
Fax +49 (0) 89 8 58 53-62 598
abo@naturalhorse.de

Einzelhefte
Crystal Verlag GmbH
Friedrichsruher Weg 33
D-21465 Wentorf
info@naturalhorse.de

Anzeigen
Kirsten Fleiser
Crystal Verlag GmbH
Friedrichsruher Weg 33
D-21465 Wentorf
anzeigen@crystal-verlag.com

Druck
Grafisches Centrum Cuno, Calbe